ME RESCATÓ

ME RESCATÓ

NESTOR "THE BOSS" GOMEZ

TORTOISE BOOKS
CHICAGO

FIRST EDITION, NOVEMBER 2025

©2025 Nestor Gomez

Published in the United States by Tortoise Books.

www.tortoisebooks.com

ISBN-13: 978-1-965199-1-69

This book is a work of memoir, and is drawn from the author's experience, various artifacts and photographs, and recollections going back to an early age. Dialogue is approximate and appears in quotation marks for the benefit of the reader. It is not a guide on how to train your dog, but simply a recounting of the author's successes and failures with his.

Cover design by Andrés J. Colmenares and Gerald Brennan

HISTORIAS

*Este libro está dedicado a todos mis amigos
(aquellos de cuatro patas) y a dulce Mel, mi esposa;
quien reavivó mi amor por la vida.*

Advertencia: este libro puede causar en lector una necesidad incontrolable de adoptar un perro o un gato. El autor acepta su eterno agradecimiento.

CONCURSO DE BAILE

Conocí a la mujer que se convertiría en mi segunda esposa en un club de cumbia Mexicana, nos enamoramos bailando al ritmo de la cumbia Mexicana. Por eso, cada vez que ella y yo salíamos, solíamos ir a bailar cumbia. Y cuando digo que salíamos, quiero decir que salíamos.

A menudo llegábamos al club a las 11 de la noche del viernes y no nos íbamos hasta las 5 de la mañana siguiente. Luego, el sábado por la noche, regresábamos al club a las 11 p.m. y nuevamente no salíamos hasta las 5 a.m. del domingo. Finalmente, el domingo llegábamos al club a la misma hora que las dos noches anteriores y salíamos del club solo después de que cerraba, de ahí no íbamos directamente a casa, nos duchamos y de allí al trabajo.

Parrandeamos duros durante unos años.

Pero después de descubrir que ella me había estado engañando y después de un divorcio largo, desagradable y conflictivo, cada vez que yo iba a bailar cumbia, el lugar, la gente y la música me recordaban a mi ex esposa infiel. Necesitaba purgar mi cuerpo, mi mente y mi alma de su memoria.

Pero a mí me encantaba bailar.

Por lo tanto, decidí cambiar. En vez de ir a los salones de baile a bailar cumbia, empecé a ir a los salones de baile a bailar salsa. Ahora, aquellos de ustedes que no están familiarizados con la música latina deben estar preguntándose Cumbia, Salsa, ¿no son lo mismo?

No, no lo son.

Permítanme explicarlo de una manera que puedan entender.

Imagina que creciste jugando al fútbol Americano y luego, en la universidad, decidiste empezar a jugar al fútbol (soccer). Sigue siendo un deporte, se juega en un campo con una portería, pero el balón; las reglas e incluso los espectadores son completamente diferentes.

Pero me dije a mí mismo: "¿Qué tan difícil puede ser? Soy latino, yo traigo esta música en mis venas".

Una de las primeras noches que fui a bailar salsa conocí a una joven y entablamos amistad. Yo necesitaba aprender a bailar salsa para olvidarme de mi ex esposa infiel, mi amiga necesitaba aprender porque su novio era un bailarín increíble. Pero él era un imbécil, no quería bailar con ella, porque ella no sabía bailar.

Pero después de meses de ir a los clubes de salsa, yo solo había podido aprender algunos pasos básicos.

Mientras tanto, mi amiga había aprendido mucho.

"Caramba, te has vuelto muy buena bailadora, ¿tu novio te enseñó?" Le pregunté, después de ver todos sus movimientos sensuales.

"No, el imbécil nunca quiere enseñarme. He estado tomando clases de salsa", respondió.

Soy tacaño, no quería pagar clases de salsa. Pero después de semanas de lento progreso tomando las clases de salsa gratuitas en los clubes de salsa, me di por vencido y decidí gastar un poco de dinero. Seguí la sugerencia de mi amiga y me inscribí en clases de salsa en la escuela de baile.

Allí conocí a muchas personas que siguen siendo mis amigos hasta el día de hoy, entre ellos una bailarina Mexicana, una bailarina profesional que había emigrado recientemente de México. Sabía muy poco inglés y estaba allí para conocer gente, practicar su Ingles y aprender salsa.

Un día, bromeando le pedí a la bailarina que fuera mi compañera en el próximo concurso de salsa que la escuela de baile estaba organizando, y para mi sorpresa; ella acepto.

Pasamos meses practicando. Armamos un número de baile coreografiado que tenía giros complicados, movimientos sensuales y un paso de baile donde tenía que cargar a la bailarina como en la película *Dirty Dancing*.

La noche del concurso mi amiga vino a mostrarnos su apoyo. Pero estaba a punto de irse cuando vio que el imbécil, que a estas alturas era su exnovio, también estaba allí.

No quería que se fuera. "No te preocupes", le dije, "la bailarina y yo le vamos a dar en su madre en la pista de baile".

Ella accedió a quedarse.

Cuando empezó la música, yo, la bailarina y las otras parejas de la competencia empezamos a bailar. El único que no bailaba era el imbécil, estaba esperando a su pareja de baile que llegaba tarde.

Yo estaba bailando, cuando de repente me olvidé de todo. Me quedé paralizado en medio de la pista de baile.

"Muévete, muévete". Dijo la bailarina agarrándome de la mano, fingí bailar mientras ella se movía sensualmente a mi alrededor. Miré al imbécil que ahora estaba bailando con su pareja, y eran increíbles. Cuando terminó la canción, salí de la pista de baile sintiéndome un fracaso.

Caminé hasta el bar para tomar un trago y pedí un Long Island Ice Tea, y luego, como todavía tenía sed, pedí un segundo, y como esos dos sabían bien; pedí un tercero.

Después de todo estaba seguro de que habíamos sido eliminados de la competencia.

Fue entonces cuando escuché a los jueces llamarnos a mí y a la bailarina para que volviéramos a la pista de baile.

Pero esta vez, tal vez porque pensé que ya habíamos perdido, o tal vez debido a que estaba medio briago; no me olvidé de nada. Hice los giros complicados, los movimientos sensuales y levante a la bailarina con una sola mano.

Al final, quedamos en segundo lugar; y lo mejor fue que el imbécil no quedo entre los primeros lugares.

"¿Viste eso"? Le pregunté a mi amiga cuándo terminó el concurso.

"Sí, obtuviste el segundo lugar", respondió ella.

"Eso no, le ganamos a tu ex, le ganamos al idiota" dije emocionado, y luego antes de que pudiera contenerme, agregué "te amo".

Durante un largo minuto, no dijo nada.

Finalmente, me miró y me dijo "yo también te amo".

(Creo que la enamoraron mis movimientos sensuales.)

COMPAÑEROS

La primera vez que fui a ver a mi nueva novia a su casa, quise dar una buena impresión. Después de todo, estábamos a punto de llevar nuestra relación a un nuevo nivel.

Vestido con mis mejores galas de Domingo, me paré frente a su puerta tratando de parecer lo más asertivo y masculino posible.

Llamé a la puerta y, al cabo de unos segundos, me abrió la puerta.

Fue entonces cuando su perro de setenta libras, aterrador, musculoso, mezcla de pitbull comenzó a ladrar.

Inmediatamente, salté hacia atrás y comencé a gritar "por favor, guarda a tu perro".

Me aterrorizaban los perros.

Cuando era un niño de diez años que vivía en Guatemala, fui a la casa de un vecino a hacer un mandado. Llamé a la puerta y unos segundos después escuché a mi vecino acercarse a la puerta. Mi vecino abrió la puerta, pero antes de que pudiera decir una sola palabra, su perro se metió en el pequeño espacio entre la puerta y me mordió en el muslo. Digamos que, si el perro me hubiera mordido unos centímetros más arriba, mi vida se habría transformado para siempre.

A partir de ese día desarrollé un miedo extremo a los perros.

Me convertí en el tipo que no entraba en una casa o en una habitación si había un perro presente. Si estaba afuera, cruzaba la calle si veía un perro caminando por mi lado de la calle.

Sabía que mi nueva novia tenía compañeros de cuarto, y por compañeros de cuarto, me refiero a su perro y dos gatos (una hembra y un macho), pero no esperaba ver a un pitbull tan grande y musculoso ladrándome en el momento en que ella abrió la puerta. Ahora sé que su perro solo estaba tratando de protegerla, pero en ese momento sentí que me estaba diciendo que no era bienvenido.

Desde ese día, cada vez que la visitaba; encerraba a su perro en una habitación. Mientras sus gatos permanecían sentados en la ventana, la gata me ignoraba, el gato me observaba todo el tiempo.

Pero encerrar al perro no duró mucho.

"Tienes que acostumbrarte a él", me dijo mi novia un día cuando llegué a su casa y se negó a encerrar a su perro.

Sentí que era su perro el que necesitaba acostumbrarse a mí.

"Deberías venir conmigo cuando paseo a mi perro", sugirió mi novia como una forma de que él y yo nos acostumbráramos el uno al otro.

Así fue como los paseos de los Domingos por la mañana se convirtieron en un ritual para nosotros.

Caminábamos hasta el restaurante más cercano. Uno de nosotros, normalmente ella, se quedaba afuera con el perro mientras la otra persona pedía dos cafés y dos sándwiches. Luego caminábamos hasta el parque más cercano para que su perro pudiera correr, mientras nosotros disfrutábamos de nuestro desayuno.

Pero la mayoría de las veces, su perro se quedaba cerca de nosotros mientras comíamos. Mi novia desayunaba inmune a los ojos de cachorro que su perro hacía mientras mendigaba sobras. Para mi sorpresa, me encontré presa fácil de sus quejidos.

Al principio, corté pequeños trozos de mi sándwich para compartirlos con su perro. Luego comencé a comprar papas fritas para dárselas de comer, hasta que finalmente comencé a agregar un sándwich para el perro a nuestro menú semanal de desayuno.

El compartir la comida nos acercó mucho a su perro y a mí; tanto que con el tiempo empecé a sacarlo a pasear sola (aunque una o dos veces podría haber contemplado la idea de soltar la correa y fingir que se había escapado).

Mi novia siempre me recordaba "Ten cuidado cuando otro perro camina cerca, no se lleva bien con otros perros"

"No lo lleves a un parque para perros y nunca le quites la correa"

"No dejes que coma comida que encuentre tirada en la acera, pero si empieza a comer algo, no intentes quitártelo"

Cada una de esas advertencias hizo poco para aliviar mi miedo aún latente a los perros.

Cuando escuché por primera vez esas advertencias, le pregunté: "¿Querías adoptar al perro más aterrador que pudieras encontrar?"

Ella procedió a contarme la historia de cómo había conocido a su perro.

En los días en que todavía estaba tratando de aprender a bailar salsa, mi novia había decidido adoptar un perro. De hecho, se había enamorado de un perro que veía todos los fines de semana en el refugio para perros al otro lado de la calle donde se encontraba la escuela de salsa donde tomaba lecciones.

Pero había un pequeño problema.

Ese perro no era un perro apto para vivir en un apartamento. Ladraba demasiado y tenía demasiada energía, por lo que el perro necesitaba mucho espacio. Necesitaba ser adoptado por alguien que tuviera casa propia, no un apartamento. Así que a mi novia se le había ocurrido un plan brillante.

Le pidió a su tía, quien era dueña de casa, que adoptara al perro por ella con el entendimiento de que su tía solo iba a firmar los papeles, pero mi novia iba a ser la que llevaría al perro a su apartamento.

Su tía tardó demasiado tiempo en aceptar el plan.

Cuando regresaron al refugio para adoptar al perro, ya había sido adoptado por una familia de los suburbios. Angustia no es una palabra lo suficientemente fuerte para describir cómo se sentía.

Salió del refugio de perros llorando.

Muchos días después, se esforzó por empezar a buscar otro perro.

Encontró un anuncio de un perro en adopción y fue a verlo.

En línea, le dijeron que el perro pesaba 50 libras y se llevaba bien con otros perros.

Pero al ir a verlo, se dio cuenta de que el perro era más grande y pesaba más de 50 libras. Además, había señales de precaución en toda su jaula.

"No pongan juguetes en su jaula"

"No usen mantas"

"No lo saquen a pasear con otros perros"

Aun así, decidió arriesgarse. Ella tomó una pelota de tenis que estaba cerca y se la arrojó. El perro atrapó la pelota en su boca y la rompió en pedazos en segundos.

Temiendo que él pudiera tratar de hacerle a sus gatos lo que acababa de hacerle a la pelota de tenis, la llevó a preguntar: "¿Es amigable con los gatos?"

Le aseguraron que había pasado una prueba. Aunque no se molestaron en explicar en qué consistía la prueba.

Aun así, había algo en él que la atraía. Cuando el refugio se ofreció a renunciar a la tarifa de adopción, ella decidió arriesgarse a adoptarlo.

"¿Querías adoptar al perro más aterrador que pudieras encontrar?", le preguntaron sus amigos y su tía cuando vieron a su perro por primera vez.

"En realidad es muy cariñoso y amistoso, una vez que te aprueba", les explicaba. Añadiendo que se llevaba bien con sus gatos.

Al principio, al igual que todos los demás, sentí que mi novia había adoptado al perro más aterrador que pudo encontrar, pero finalmente tuve que estar de acuerdo con ella en que su perro era de hecho muy cariñoso y amable. Al menos con ella, no tanto con otros perros, o gatos que se atrevieron a cruzarse en su camino mientras caminamos.

Eventualmente, comencé a ganarme la aprobación de su perro compartiendo no solo mi sándwich dominical con él, sino también compartiendo mis comidas diarias con él. Empecé a tomar pequeñas porciones de mi plato y a dárselas mientras comía.

Antes de que pudiera darme cuenta, compartir mi comida se había convertido en una experiencia unificadora para nosotros. Aprendí a no tenerle demasiado miedo. Primero, colocando comida en el suelo cerca de él para que comiera y finalmente, graduándome para alimentarlo con la palma de mi mano.

GOMEZ

Debe haber aprendido que yo le daba de comer cada vez que tenía comida y supongo que debe haber decidido que esa era una razón suficiente para tolerar tenerme cerca.

MALVADO

Pronto, los gatos comenzaron a unirse a los momentos para compartir la comida.

La gata se comía los trozos de comida que compartía con ella y luego saltaba de regreso a su lugar junto a la ventana. Pero el gato era exigente; me miraba fijamente si tardaba demasiado en alimentarlo. Pronto resultó difícil de convivir con ese gato. Caminaba como si fuera el dueño del lugar, empujando a todos fuera del camino. Empecé a creer que los otros dos compañeros de cuarto de mi novia le tenían miedo.

Lo peor del gato era que durante la cena, le encantaba robarse la comida de los demás, incluso la mía. Por lo general, yo miraba hacia otro lado cuando me robaba comida de mi plato, no porque le tuviera miedo; solamente por tratar de mantener la paz.

Un día llegué a casa de mi novia con la intención de sorprenderla. Había pasado por su restaurante favorito y había comprado su comida favorita. Lo primero que hice cuando llegué a su casa fue tener una charla con sus compañeras de cuarto. Les expliqué mi plan y les pedí que por favor se mantuvieran alejados del comedor para que mi novia y yo pudiéramos pasar un rato a solas.

Ellos parecieron entenderme, así que preparé el lugar: luz de velas, música romántica, algunas rosas, vino y su comida favorita puesta en la mesa para cuando llegara del trabajo.

Le encantó la sorpresa, y después de guardar sus cosas de trabajo, se sentó a tener una agradable cena romántica conmigo. Pero entonces, por el rabillo del ojo, vi al gato macho colándose en el comedor. Traté de ignorarlo, pero luego lo vi acercarse a mi plato.

Lo empujé y le grité que saliera del comedor.

El gato macho estaba enojado y me miró como si estuviera listo para matarme, pero luego se dio la vuelta y se fue.

—Lo siento... Empecé a decirse a mi novia, queriendo disculparme por haberle gritado a su gato, pero luego, de reojo, vi al gato entrando en el dormitorio.

Pero tan rápido como entró, salió.

Eso me pareció muy extraño, así que me excusé de la mesa y fui al dormitorio a ver qué había estado haciendo el gato malvado. Fue entonces cuando descubrí mi suéter favorito tirado en el suelo con una gran mancha húmeda justo en el medio.

Él se había orinado en mi suéter.

Esto no era un accidente; era una declaración de guerra. Me preparé para la batalla, sabiendo que para ganar esta guerra tendría que actuar con calma y dejar que mi intelecto superior me guiara hacia la victoria.

Volví a la cocina y actué como si no pasara nada.

Horas después, mi novia y yo nos fuimos a dormir.

Me quedé en la cama despierto, esperando a que todos se durmieran. Cuando pensé que era el momento adecuado, me levanté como si fuera al baño, pero me dirigí a la sala. Allí, en el sofá, estaba el gato malvado, durmiendo.

Me paré frente al sofá y me bajé la cremallera de los pantalones, lista para orinar sobre él.

Pero en el último momento me di cuenta de que no iba a poder explicarle a mi novia por qué había estado orinando en la sala. Lo que es más, el gato probablemente se iba a despertar, iba a empezar a hacer mucho ruido, el perro se despertaría asustado y empezaría a ladrar o a saltar sobre mí y talvez morderme.

Así que decidí volver a la cama.

Me quedé dormido rápidamente, pero me desperté unas horas más tarde con la sensación de que me estaban observando. Abrí los ojos y descubrí al gato malvado sentado en mi pecho.

Me miraba fijamente con una sonrisa malvada en su rostro. Se había colado en el dormitorio en medio de la noche, y ahora probablemente iba a matarme, de alguna manera.

No me quedaba nada por hacer, así que cerré los ojos y esperando que al menos mi muerte fuera rápida.

Después de un rato, abrí los ojos y descubrí que el gato se había ido.

No pude volver a dormir esa noche y, temprano en la mañana, tan pronto como mi novia se despertó, inventé una excusa para salir de allí.

Es extraño porque siempre les había tenido miedo a los perros, especialmente a los pitbulls como el que tenía mi novia, pero más o menos me llevaba bien con él. Y es aún más extraño pues nunca antes había tenido problemas con los gatos. No tuve problemas con la gata, pero el gato macho, ese gato malvado, simplemente no parecía llevarme bien con ese gato...

PELO EN LA SOPA

Después del incidente con su gato, comencé a pasar menos noches en casa de mi novia. En cambio, comencé a decirle: "Trae a tu perro a mi casa". De esa manera sentí que ella no se sentiría mal por dejarlo solo en su casa cuando viniera a visitarme, y yo no tendría que lidiar con su malvado gato.

Las noches que accedió a traer a su perro, coloqué una manta a los pies de mi cama, para que su perro pudiera dormir cerca de nosotros sin dejar pelo por toda mi cama.

Aunque las primeras noches que trajo a su perro a mi casa, dormí con un ojo abierto, temeroso de que su perro se despertara de repente, se olvidara de que estaba durmiendo en mi casa y me atacara en medio de la noche.

Un beneficio de tener a su perro en mi casa era que mi novia no tenía que levantarse temprano y salir corriendo de mi casa para ir a su casa a pasear a su perro y alimentar a sus gatos. Podía dormir hasta tarde en mi casa y pasearlo en su camino de regreso a su apartamento, y a los gatos no les importaba comer tarde. El único inconveniente para mí, fue encontrar pelo de perro en mi casa por todas partes al día siguiente.

Eso era lo único que, además de su gato, no me gustaba del apartamento de mi novia: a menudo encontraba pelo de perro por todo el sofá, la alfombra, el suelo: por todas partes.

Durante años, había visto a personas en el trabajo, en el autobús o en la cafetería, caminando con la ropa cubierta con el pelo de sus mascotas. Parecían no darse cuenta de los muchos pelos que tenían por todas partes, o algo peor; no les importaba.

Yo no quería ser una de esas personas. Ese fue un gran "pelo en la sopa" para mí.

(pelo de sopa, es un dicho que se refiere a un inconveniente o problema en alguna situación.)

Pero aún más obvio que el pelo de perro era el vínculo entre mi novia y sus mascotas. En la mayor parte de América Latina, los gatos se usaban predominantemente para deshacerse de alimañas como ratas y ratones. Los perros se utilizaban principalmente como una forma de proteger la casa de los intrusos. Quizás, siendo mujer soltera, al principio mi novia había adoptado a sus gatos como compañeros y a su perro como una forma de protección, pero los trataba más como miembros de su familia que como mascotas.

Se llevaban perfectamente sin mí; era yo, con mi miedo y mis nociones preconcebidas de cómo se debe tratar a una mascota, lo que estaba trayendo el caos a su hogar.

Eso me llevo a pensar que tal vez era yo quien era "el pelo en la sopa".

BUENAS NOCHES

Podría haber alcanzado un nivel de autoconciencia que no me era familiar, pero lo descarté rápidamente al día siguiente cuando fui a casa de mi novia, me senté en el sofá e instantáneamente me cubrí de pelo de perro y gato.

Molesto, me levanté del sofá y me dirigí al único mueble donde podía sentarme a leer un libro que sabía que no estaría cubierto por pelos de perro:

La cama de mi novia.

Pero no podía sentarme en la cama; de hecho, a menudo me encontraba incapaz de dormir en esa cama.

La cama de mi novia solo podría describirse como una cama de clavos, aunque creo que una cama de clavos real podría ser más cómoda y segura que su cama.

A primera vista parecía una cama normal, pero en cuanto el cuerpo hacía contacto con el colchón, uno se daba cuenta de que se trataba de una cama muy antigua, cuyos resortes habían dejado de funcionar correctamente hacía mucho tiempo.

Muchas veces, mientras dormía en su casa, me despertaba en medio de la noche el dolor de un resorte roto que me apuñalaba en la espalda o en el trasero. Temía darme la vuelta una noche mientras dormía y de repente perder un ojo o ser apuñalado en el cuello por el filo afilado de un resorte.

"¿Cómo puede alguien dormir en esta cama?" Me pregunté una noche y miré la figura de mi novia contorsionada en la única sección de la cama que todavía tenía resortes semifuncionales.

Quería pedirle que cambiara de lugar conmigo, pero decidí no hacerlo. De todos modos, tiendo a moverme mucho mientras duermo, y no pensé que me sentiría cómodo forzando a mi cuerpo a amoldarse en el pequeño espacio libre de resortes rotos.

A la mañana siguiente, le pregunté: "¿Por qué no consigues una cama nueva?"

Me miró sorprendida. "No puedo deshacerme de esa cama; me lo regalaron".

Curioso, le pregunté: "¿Quién te la regaló?"

"Mi papá", respondió ella, y luego agregó casi casualmente: "Solía pertenecerle a él".

Ahora era yo quien se sorprendía. —¿Quieres decirme que esa era la cama de tus padres?

"Claro", respondió, "pero mi hermana también la usó durante algunos años". Agregó eso, como si esa declaración mejorara las cosas, en lugar de empeorarlas.

De repente, esa cama no solo era tan peligrosa como una cama de clavos, sino que también me hacía sentir raro y, de alguna manera, se sentía mal dormir allí.

Sabía que la familia era importante para ella y que guardaba algunos muebles que habían pertenecido a su abuela, a sus hermanas y a su tía. Era algo dulce, incluso entrañable; eso me encantó de ella. Mi familia había dejado atrás todo lo que teníamos cuando emigramos a Chicago. Sentí celos y admiración por el hecho de que ella poseyera y valorara algunas de las reliquias de su familia. Pero solo si esas reliquias de muebles eran un escritorio, una mesa o incluso cristalería. Una cama, especialmente una que antes había pertenecido a sus padres, eso era otra cosa.

Decidí arreglar el asunto con mis propias manos y sorprenderla comprándole una cama nueva.

Pero una cama nueva es cara, y yo soy un poco tacaño.

Así que, en vez de cama nueva, empecé a buscar en el Internet una cama usada.

Supuse que ya estaba durmiendo en una cama usada de todos modos. Y siempre y cuando la cama que comprara tuviera resortes que funcionaran y no perteneciera a sus padres o a los míos, sería una mejora.

Tuve suerte. Encontré un nuevo juego de colchones tan barato que fue una especie de regalo. Un futuro novio le había comprado a su futura novia unos colchones nuevos, pero a la novia no le gusto ese tipo de colchones y, le hizo devolverlos.

Pero él los había comprado en oferta, el tipo de oferta sin reembolsos, ni devoluciones.

Ahora, él sólo quería deshacerse de ellos.

De hecho, estaba tan contento de que yo los comprara que también me dio una cabecera y un marco de cama.

"¿Qué estás haciendo?", me preguntó mi novia un par de horas después, cuando me presenté en su apartamento.

"Es una sorpresa". Empecé a cargar su cama vieja por las escaleras.

Puse el viejo colchón en el callejón (pero no antes de que uno de los resortes rotos me pinchara por última vez) y llevé la cama nueva a su apartamento.

Supe que estaba molesta cuando dijo: "Yo no te pedí eso".

"Lo sé. Te dije que era una sorpresa". La tomé de la mano y le pedí que se sentara en la cama.

Su perro entró en el dormitorio, me miró a mí, a la cama y luego desvió la mirada, como diciéndome que él tampoco estaba impresionado.

Traté de ignorarlo y, en cambio, le dije a mi novia: "Acuéstate. Siente lo suave que es". Su perro saltó en la cama como si le hubiera dicho a el que se acostara y se acurrucara junto a ella. Al poco rato, sus gatos habían entrado en la habitación y se habían unido a la fiesta sobre la cama.

Quería decirle a sus gatos y a su perro que se bajaran de la cama, pero se me hacía tarde para ir a trabajar y no quería enfadar más a mi novia.

Al día fui a verla para ver si le había gustado la nueva cama.

Me di cuenta de que había comprado un nuevo juego de mantas para la cama.

"Oye, yo también te compré una manta nueva", le dije, mostrándole la manta térmica eléctrica que había comprado en la tienda.

Miró a la manta con desaprobación.

—En invierno me da mucho frío —dije—. "Las mantas térmicas son las mejores".

"Tengo miedo de que mi perro lo muerda", dijo mientras guardaba la manta térmica dentro de un armario.

Y luego dijo esas palabras que todo hombre teme... "Tenemos que hablar".

Me preparé para lo peor; no tardó mucho.

"Entonces, ¿hacia dónde va esta relación?" —preguntó mi novia.

—¿A qué te refieres? —pregunté, aunque sabía exactamente a qué se refería.

Señaló la cama. "Acabas de traerme una cama".

Señalé lo obvio. "Necesitabas una".

"¿Vamos a seguir viviendo en apartamentos separados o alguna vez nos mudaremos juntos?"

La miré y le pregunté: "¿Cuántos años tiene tu perro?"

Sorprendida por mi pregunta, ella respondió: "¿Qué tiene que ver eso con algo?"

"Bueno", respondí, "no nos vamos a mudar juntos hasta que se muera tu perro".

Como era de esperarse, se enojó mucho conmigo.

Incluso después de que le recordé mi miedo infantil a los perros.

Incluso después de un par de días. Incluso después de un par de semanas. Todavía estaba enojada conmigo.

Parecía que nuestra relación estaba llegando a su fin.

Una noche me llamó y cuando contesté el teléfono, parecía muy molesta.

"Voy a tirar tu cama; ven al callejón a recogerla".

No tenía idea de cómo iba a hacer eso sola, pero no la cuestioné, ni me enojé.

Tenía fiebre; Me sentía demasiado enfermo para discutir. En vez de eso, le dije: "No hagas nada esta noche; Por favor, piénsalo bien y hablemos por la mañana"

Nos dimos las buenas noches y evitamos una pelea.

Al día siguiente, temprano, vino a mi casa. Todavía me sentía mal; había pasado la noche en el sofá, incapaz de dormir en mi propia cama.

Se acurrucó a mi lado.

Le pregunté: "¿Tiraste la cama?"

"Realmente no lo iba a hacer; estaba molesta", respondió.

La miré. "Me alegro de que no te hayas deshecho de ella".

"De hecho, me gusta mucho, es muy acogedora". Me dio un besito. "Gracias".

"Bueno, incluso este viejo sofá es acogedor en comparación con tu vieja cama. Solo desearía que no dejaras que se suban tus mascotas".

Volvió a ponerse seria: "No son solo mis mascotas; son parte de mi familia. Si quieres tener una vida conmigo, eso también tiene que incluirlos a ellos".

Esto era una situación de vida o muerte. Mi negativa a aceptar a sus mascotas era el "pelo en la sopa" en nuestra relación. Esto podría poner fin a una relación que de otro modo sería perfecta. No era suficiente de mi parte tolerar a sus mascotas. Necesitaba aprender a vivir con ellos.

Después de esa conversación, comencé una vez más a tratar de hacer las paces con sus mascotas.

Una vez más comencé a tratar de acercarme a su perro y gatos.

Pero no tuve la oportunidad de hacer las paces con su gato.

Era muy viejo y un día simplemente se le acabó el tiempo. Mi novia estaba triste. La llevé al veterinario más cercano para que le practicaran la eutanasia a su gato. También me sentí triste por la pérdida del gato. De una manera extraña, se había ganado mi respeto.

Después de esa experiencia, mi novia y yo decidimos dejar de perder el tiempo y mudarnos juntos.

Pero incluso sin su gato, sabíamos que mi casa era demasiado pequeña para todos nosotros. Su casa era más grande, pero el edificio donde alquilaba acababa de ser vendido y el nuevo propietario planeaba aumentar la tarifa de alquiler, que ya era demasiado alta.

Pensamos que, en lugar de pagar un alquiler alto, podríamos combinar nuestros salarios y ahorros y buscar un lugar económico que pudiéramos comprar juntos.

"Las dos cosas que quiero", dijo mi novia, "son encontrar un lugar donde mi perro y mi gato sean bienvenidos y que esté cerca de mi mamá".

Acepté, ya que mi madre vivía cerca de la casa de su madre, lo cual era conveniente para mí, ya que yo también quería estar cerca de mi madre.

Le aseguré a mi novia: "Estoy seguro que encontraremos algo de inmediato".

Pero después de una rápida búsqueda de bienes raíces en Google, nos dimos cuenta de que los bienes raíces no son fáciles. Íbamos a necesitar ayuda. Mi novia se puso en contacto con un amigo que resultó ser agente de bienes raíces y comenzamos la búsqueda del nuestro hogar añorado.

Lamentablemente, no pudimos encontrar nada que pudiéramos comprar cerca de los vecindarios de nuestras madres. Decidimos extender nuestra búsqueda a los barrios cercanos.

Pero la mayoría de los lugares eran demasiado caros o requerían demasiado trabajo y reparaciones.

Los pocos que estaban bien y a mi novia le gustaban, no me gustaban a mí. Y cuando encontrábamos un lugar que me gustaba, mi novia no estaba de acuerdo conmigo. El par de veces que nos pusimos de acuerdo en un lugar, o no aceptaban perros, o los impuestos eran demasiado altos, o alguien más hizo una oferta más alta que la nuestra.

Después de unos seis meses de búsqueda, durante los cuales visitamos cientos de lugares en venta, empezamos a pelear como perros y gatos.

"Solo dime que no quieres vivir conmigo", le dije a mi novia un día mientras discutíamos sobre otro lugar que habíamos visitado.

"Eres tú quien no quiere vivir con mi perro", me recordó.

"Tal vez deberíamos alquilar un lugar", agregó.

—No quiero alquilar —dije—. "Quiero encontrar el lugar de nuestros sueños"

—Está bien —dijo ella—. "¿Dónde está el lugar de tus sueños?"

No había pensado en eso. Había estado demasiado preocupado por encontrar un lugar en nuestro presupuesto, que estuviera cercano a nuestras madres y que aceptara a su pitbull que no había pensado en lo que yo realmente quería, pero cuando lo hice, le dije:

"Cuando mi familia vino a Chicago, vivíamos en Uptown, cerca del lago.

Me encantó estar allí. Después de eso, me mudé tantas veces que terminé viviendo por toda la ciudad, pero siempre eché de menos estar cerca del lago".

¿"Qué"? Mi novia dijo enojada cuando le conté sobre el lugar de mis sueños. "No hemos buscado nada cerca del lago".

Al día siguiente encontró un anuncio de un lugar de dos habitaciones en Edgewater.

"Está a una cuadra del tren, a una cuadra de Lake Shore Drive, a una cuadra del lago y a cinco minutos de tu trabajo", dijo cuando me lo contó.

Estaba seguro de que iba a ser otra visita decepcionante, pero fui a ver el lugar con ella a pesar de todo.

Me equivoqué; el lugar era increíble. Además de la excelente ubicación, tenía dos puntos de venta para mí: armarios enormes y lavandería en la unidad. Además, tenía grandes puntos de venta para mi novia: un pequeño patio privado y muchas personas que tenían perros. También tenía una azotea con vistas al lago y una comunidad diversa, enormes puntos de venta para los dos.

Hicimos una oferta y dos semanas después cerramos el trato en ese lugar.

En retrospectiva, desearía que lo hubiéramos planeado mejor y no hubiéramos decidido mudarnos a principios de febrero, durante una tormenta de nieve, en medio de un vórtice invernal en Chicago.

De alguna manera, sobre todo gracias a la ayuda de buenos amigos, logramos mudarnos a nuestro nuevo lugar. Pero con todo el trabajo que conlleva la mudanza, no nos habíamos dado cuenta de que la cerradura de la puerta que conectaba nuestro nuevo dormitorio con el pequeño patio justo afuera estaba rota.

Habíamos movido la cama a nuestro nuevo hogar temprano en el día, con la esperanza de poder descansar después de un día laborioso. Pero cuando finalmente movimos las últimas cajas y nos preparamos para ir a la cama, nuestro dormitorio estaba helado.

Mi novia estaba al borde de las lágrimas, pero también estaba demasiado agotada por la mudanza para llorar. Desempacó todas nuestras mantas y las tiró en medio de la sala. Usó un par de ellas como colchón y el resto las usó para cubrirse y tratar de calentarse.

Su perro se acurrucó en su cama cerca de ella.

El gato se sentó encima de uno de los calentadores del radiador, también tratando de calentarse.

Con cajas tiradas por todos lados, empecé a buscar un suéter. Así fue como encontré la manta térmica que había comprado muchos meses antes.

La enchufé, la puse al máximo y me cubrí a mí y a mi novia con ella.

RADIADORES

Me encantó nuestro nuevo lugar.

Solo había una cosa que no me gustaba.

Los radiadores para la calefacción.

No es que quisiera refrigeración y calefacción centrales. Después de arreglar la puerta del dormitorio, los radiadores habían logrado mantener caliente nuestro nuevo lugar; Simplemente no me gustaba cómo se veía la masa de tuberías que formaban el radiador.

"Deberíamos ponerles cubiertas de radiadores elegantes", le dije a mi novia un día mientras me quejaba una vez más de cómo se veían los radiadores.

"No tienen nada de malo; al gato le encantan", dijo, señalando a su gato que había reclamado un lugar en la parte superior del radiador.

"Pero el lugar se vería mucho mejor", comencé a decir.

Pero ella me interrumpió: "Escucha, si quieres gastar dinero que no tenemos en cubiertas de radiadores que no necesitamos, adelante".

Sabía que básicamente me estaba diciendo que NO comprara cubiertas para radiadores, pero solo escuché la palabra, adelante.

Al día siguiente llamé a una empresa para obtener un presupuesto gratuito. Estimaron que las cubiertas iban a costar varios miles de dólares. Soy tacaño, y eso era mucho más de lo que quería gastar.

Pensé en construir mis propias cubiertas de radiadores. Incluso busqué las instrucciones en Internet. Pero sin las herramientas ni el tiempo adecuados, y sin tiempo libre, no era posible.

Entonces, busqué en Craigslist y encontré un par de cubiertas baratas a la venta, pero una estaba en Indiana; la otra en Wisconsin. Eso era mucho más lejos de lo que estaba dispuesto a ir.

Unos días después, mientras mi novia estaba en su clase de yoga, fui al supermercado. En el camino me encontré con una venta de garaje del vecindario. Me encantan las ventas de garaje, así que estacioné mi auto y comencé a caminar.

Para mi sorpresa, alguien estaba vendiendo un grupo de cubiertas metálicas para radiadores por solo $25 dólares cada una. No me importo el hecho de que no tenía idea de cuál era la medida real de mis radiadores y, por lo tanto, no tenía idea de si estas cubiertas encajarían; los quería. Entonces, cuando el vendedor se ofreció a ayudarme a llevar las cubiertas a mi casa, inmediatamente las compré.

Una vez que llegué a casa con las cubiertas, me di cuenta de que solo una de ellas se ajustaba a mis radiadores. Las otras podrían encajar, pero tendría que hacer algunos ajustes en las cubiertas para que encajaran. Tenía que cortarle la espalda a una de ellas; dos de ellas tenían los agujeros para las tuberías de agua en lado contrario, así que tenía que cortar agujeros en el otro lado antes de poder usarlas. Y luego había una cubierta que era demasiado alta, pero si la cortaba por la mitad, podía usarla para cubrir dos de mis radiadores.

Saqué mi sierra circular eléctrica de mano de una pulgada de mi caja de herramientas y comencé a trabajar en el corte de las cubiertas del radiador.

"¿Qué demonios es todo este lío?", preguntó mi novia un par de horas después, cuando entró en nuestro apartamento.

Yo estaba en la cocina con mi sierra circular de una pulgada (pew-pew-pew) tratando de cortar una cubierta metálica que había colocado encima de la mesa de la cocina. En la sala, tenía las otras cubiertas metálicas, junto con el resto de mis herramientas esparcidas por todo el suelo.

Su perro y su gato estaban en un rincón de la habitación. Escondiéndose del ruido de mi sierra y del desastre que había hecho.

Traté de explicarle mi idea, pero se quejó del desorden.

"¿Cuánto tiempo va a durar este proyecto tuyo?", me preguntó, mirándome enojada.

Pensé en eso por un momento. Estaba tratando de cortar una cubierta para el radiador por la mitad, cortar la parte trasera de otra y hacer agujeros en las otros dos. En total, necesitaba cortar alrededor de 100 pulgadas de metal. Hasta ese momento, con mi sierra de hoja circular de mano de una pulgada, había podido cortar aproximadamente una pulgada de material y un poco de piel de mi dedo, en aproximadamente una hora. Por lo tanto, si continuaba trabajando en ese proyecto todos los días después del trabajo, podría tomar cinco meses, tal vez cuatro meses si trabajara también los fines de semana...

"Sabes que tengo invitados esta noche. Espero que hayas terminado para entonces", dijo mi novia antes de que pudiera responder.

"Oh, seguro que lo haré", mentí.

"Simplemente no entiendo por qué comienzas este proyecto BRRRRRR cuando sabes que BRRRRRRR".

Parecía que alguien estaba haciendo algún tipo de trabajo justo afuera de nuestra ventana. El ruido interrumpía sus palabras, y el perro había comenzado a ladrar a los trabajadores que estaban afuera.

—¿Qué es ese ruido? —le pregunté.

"Solo estás tratando de ignorarme", dijo mi novia mientras otro ruido BRRRRRRR provenía del exterior.

"Voy a ver de qué se trata todo el ruido", le dije mientras salía a investigar. Todavía sostenía mi sierra circular de una pulgada.

Había un equipo de construcción reparando la fachada exterior de nuestro edificio. Estos tipos tenían herramientas, herramientas reales. Un tipo estaba cortando un gran trozo de cemento con una sierra circular irrompible de 20 pulgadas. BRRRRRRR. Cortó el cemento como si fueran unas tijeras cortando papel. BRRRRRR. Su sierra seguía cortando; pew-pew-pew, mi sierra de una pulgada se prendio cuando accidentalmente presioné el botón. BRRRRR. Su sierra seguía cortando.

Escondí mi pequeña sierra detrás de mi espalda, avergonzado de mi herramienta.

De repente, tuve una idea.

"Disculpe, disculpe. ¿Podría pedir prestada su sierra para cortar algo en mi casa?" Le pregunté al tipo que sostenía la sierra. Volteo a mirarme, a mi pequeña sierra y a mi dedo ensangrentado.

—No —dijo, mirándome con extrañeza—.

Le expliqué el problema que estaba teniendo con los radiadores. El tipo se encogió de hombros. Le expliqué lo enojada que había puesto a mi novia y que necesitaba su ayuda para evitar que mi novia me mandara a dormir en la casa del perro por el resto de mi vida.

El tipo me miró por un momento. Luego respondió con un fuerte acento polaco: "Los cortaré si los traes aquí".

De repente sentí amor por todos los polacos.

Corrí al edificio y entré en mi apartamento. Mi novia se estaba duchando.

Medí todos los radiadores, marqué todos los cortes que había que hacer y saqué los radiadores, uno por uno, para que los cortaran. En lugar de los cinco meses que me iba a llevar con la sierra pequeña, con la sierra de 20 pulgadas toda la operación duró unos diez minutos.

Le di al tipo de la sierra veinte dólares. Volví a meter las cubiertas ya cortadas al apartamento. Puse cinta de plástico a los lados de las cubiertas donde habían sido cortadas para evitar que rayaran el piso. Limpié los radiadores, luego les puse las cubiertas y barrí alrededor. Dejé la escoba a un lado, me lavé las manos y luego me senté en el sofá a contemplar mi trabajo.

"Te dije que terminaría antes de que llegaran tus invitados esta tarde", le dije a mi novia justo cuando salía de la ducha.

"Caramba", dijo ella. "Ahora, si tan solo pudieras hacer lo mismo con la manija rota de la puerta, y la ducha que gotea, y las bombillas quemadas y el" BRRRR la sierra comenzó a salir afuera.

Me senté en el sofá y contemplé nuestro nuevo lugar, ahora verdaderamente perfecto.

UNO + UNO = CUATRO

Estaba contento con el nuevo lugar.

Pensé que podría convertir el dormitorio extra en una oficina para mí, donde el perro y el gato no estarían permitidos y yo podría estar libre de su pelo.

Mi novia también estaba contenta con el nuevo lugar. Ella pensó que, ya que teníamos más espacio, podíamos conseguir un segundo perro.

"De ninguna manera", dije cuando escuché su idea de conseguir otro perro. "No vamos a tener un segundo perro; ya hay demasiado pelo de perro y gato en esta casa".

Unas semanas después de que nos mudamos, yo estaba buscando en Internet un sofá para nuestro nuevo lugar. Empecé a mirar una cosa y luego terminé mirando otra cosa, y luego otra que no tenía nada que ver con mi búsqueda original.

Así fue como me encontré mirando fotos de perros en adopción.

Cometí el error de dejar que mi novia viera lo que yo estaba viendo. Lo siguiente que supe fue que ella pasó las siguientes dos semanas mirando fotos de perros, y un pitbull hembra en particular llamó su atención.

Mi novia me preguntó si al menos podíamos traer a la perra para ver si se llevaba bien con su perro.

Mi primera reacción fue estar 100% en contra de su idea, pero luego se me ocurrió algo.

"A su perro no le gusta ningún otro perro, así que, si traen a la perra, su perro la va a atacar. Después de que eso suceda, no hay forma de que dejen que la perra se quede aquí; de esa manera, no tendremos un segundo perro. Además, después de que su perro ataque a la perra, es posible que se lo lleven por ser peligroso. Podría deshacerme de los dos perros a la vez".

Valia la pena intentarlo.

"Adelante", le dije a mi novia, seguro de que mi plan iba a funcionar.

Al día siguiente trajeron a la perra a visitar nuestra casa.

"Es la perrita perfecta para acurrucar", le dijo la señora del rescate de perros a mi novia.

"Ya lo veo", respondió mi novia, mirando al pitbull hembra que había saltado en el sofá tan pronto como entró en la casa.

No estaba contento con eso. Traté de recordarle a mi novia: "Cariño, no dejamos que los perros se suban a los muebles".

"¿Qué tal si dejamos que se conozcan?", dijo la señora, probablemente queriendo alejar a los perros de mí lo más rápido posible.

Mi novia mantuvo a su perro atado y explicó: "No siempre es amigable con otros perros".

Miré al perro de mi novia, esperando que atacara a la perra nueva.

"Atácala, atácala", le dije al perro en mi mente.

Su perro se acercó a la perra nueva. La miró, la olió, se abalanzó sobre ella y luego...

Los dos perros empezaron a jugar como si fueran viejos amigos.

Además, a la perra nueva no parecía importarle que tuviéramos un gato. No jugó con él ni trató de atacarlo.

Así que ahora teníamos dos perros.

La primera noche que la perra se quedó con nosotros la enjaulamos; estábamos tratando de dormir, pero la perra no dejaba de ladrar.

"Tu perra está llorando", le dije a mi novia. Era casi medianoche y al día siguiente tenía que levantarme a las cinco de la mañana para ir a trabajar.

"Simplemente ignórala", respondió.

Una hora más tarde, la perra nueva seguía ladrando. "Calma a tu perra", le dije a mi novia.

"Se dormirá pronto", dijo.

Una hora más tarde, la perra seguía llorando y mi novia ya estaba roncando.

Estaba tan enojado que me levanté de la cama. Pensé en alimentar a la perra con un poco de chocolate, o tal vez con algunas uvas. Tal vez podría abrir su jaula y la puerta del apartamento. Me acerqué a su jaula.

"Escucha, tú..." Empecé a gritarle.

Pero entonces le vi su carita. Se veía tan triste y asustada. Me recordó el momento difícil que pasé cuando era un nuevo inmigrante en este país, sin saber el idioma, tan lejos de casa, cómo me sentía triste y asustado.

"Está bien", le dije a la perra. "Sé que tienes miedo, pero tenemos que dormir. Tengo que ir a trabajar en unas horas. Te digo una cosa, te cantaré una canción para que te sientas mejor".

"Duérmete perrita, duérmete ya", empecé a cantar.

En cuestión de minutos, la perrita se quedó dormida con mi canción.

Después de ese día, cada vez que mi novia le daba a la perra una orden como "siéntate" o "quédate", la perra la ignoraba, pero si yo le daba la orden a la perra, ella me escuchaba de inmediato. Cada vez que mi novia sacaba a pasear a la perra, ella caminaba alrededor de sus piernas como un pequeño helicóptero, enredándola en la correa. Pero si yo tomaba la correa, la perra caminaba a mi lado en línea recta, moviendo la cola a cien millas por hora.

La perra nueva se convirtió en mi perra.

Tuve que admitir que era una cosita preciosa. Le encantaba encontrarse con la gente en la calle cuando la llevábamos a pasear, moviendo la cola sin parar como para mostrar lo feliz que estaba de conocerlos. Me sentí un poco orgulloso cuando la gente comentaba lo linda que era.

Incluso ayudó al perro viejo de mi novia a ser más amigable con otros perros.

Pero sí me di cuenta de que cada vez que llovía, mi perra corría por la casa y se escondía debajo de la cama o en la esquina de mi armario. Obviamente, le tenía miedo a la lluvia.

Una tarde estaba en casa viendo una película con mi novia cuando de repente empezó a llover muy fuerte. Entonces empezamos a oír un trueno tras otro.

Mi perra comenzó a correr por la casa, buscando un lugar donde esconderse.

Entró en la habitación y saltó en el sofá entre mi novia y yo.

Mi novia me miró, segura de que iba a echar a mi perra del sofá.

"Está bien", le dije a mi novia. "Le tiene miedo a la lluvia".

Unos segundos después, su perro entró en la habitación.

Me miró a mí, a mi novia y a mi perra sentada entre nosotros, y luego me miró como si me preguntara

– ¿Creía que no nos dejaban subir al sofá?

Así que le hice señas para que se uniera a nosotros.

Saltó en el sofá entre mi perra y mi novia.

Y fue entonces, mientras me acurrucaba en el sofá con mi novia y nuestros dos perros, bajo la atenta mirada de nuestra gata que observaba desde su lugar en la ventana, que de repente me di cuenta de que había mucho pelo en el sofá, pero había aún más amor en él.

Ya no les tenía miedo a los perros y, lo más importante, estaba profundamente enamorada de mi familia.

ALMA DE LA FIESTA

Un día al regresar del trabajo me encontré a mi novia afuera de la casa cuando ella regresaba de pasear a los perros. Me miró con una mirada de susto en sus ojos.

"No puedo hacer esto". Su perro estaba tratando de alejarse mientras mi perra caminaba en círculos a su alrededor, enredando la correa alrededor de sus piernas.

—¿A qué te refieres? —pregunté, ajeno al hecho de que le daba trabajo caminar a los dos al mismo tiempo. Hasta ese día, ella los había sacado uno a la vez, o yo le había ayudado a sacarlos.

Tomé la correa de mi perra en mis manos; dejó de caminar en círculos y se paró a mi lado. Una vez que cuidé a mi perra, mi novia logró controlar a su perro.

Miró a mi perra sentada tranquilamente a mi lado. "Tenemos que llevarla a la escuela".

Mi novia trabaja como profesora; pensé que quería llevar a mi perra con ella a su trabajo.

"No", respondió mi novia cuando le pregunté si eso era lo que quería decir. "Tenemos que llevarla a la escuela de obediencia para perros".

Yo nací y crecí en un "país del tercer mundo"; mi familia era muy pobre. Mis padres tuvieron dificultades para poder enviarnos a mí y a mis hermanos a la escuela. Enviar un perro a la escuela habría estado fuera de discusión.

Casi podía sentir la mirada de desaprobación de mis antepasados.

Le pedí a mi novia que me dejara pensar en eso de la escuela de obediencia durante un par de días.

Al día siguiente, decidimos hacer una excursión con los perros.

Meterlos en el coche no fue ningún problema. De hecho, parecían ansiosos por salir de la casa.

Condujimos una corta distancia y estacionamos nuestro auto cerca del paseo a orillas del río. Cada uno de nosotros tomó a su perro, cruzamos la calle y entramos tranquilamente al parque.

De repente, mi perra vio una ardilla, empezó a correr y yo bote la correa, ella se alejó de mí corriendo a toda velocidad detrás de la ardilla, y luego otra. La llamé, pero se negó o no pudo oírme.

Pasó mucho tiempo antes de que pudiera acercarme lo suficiente como para agarrar su correa. Me costó trabajo controlarla, y tuvimos que acortar nuestra visita al parque.

Una vez en el auto, le dije a mi novia: "Tal vez deberíamos llevar a mi perra a la escuela de obediencia".

Unos días después, llevábamos a mi perra a la escuela por primera vez.

De camino a la escuela, mi perra caminaba tranquilamente a mi lado. Pero una vez que nos acercamos y ella pudo escuchar a los otros perros, comenzó a comportarse peor que en el parque cuando corría detrás de las ardillas. Jadeaba, gemía, ladraba y actuaba como si hubiera estado esperando este momento toda su vida y ahora que estaba aquí, no podía esperar ni un minuto más para que comenzara la fiesta.

Era como una animadora o porrista en una academia militar. Mientras todos los demás perros permanecían atentos, ella corrió hacia ellos como si tratara de presentarse, demasiado ansiosa por hacer nuevos amigos.

"Lo siento, lo siento", repetíamos mi novia y yo mientras mi perra interrumpía la clase caminando demasiado cerca de otro perro o lloriqueando en voz alta cuando intentaba contenerla.

Fue un milagro que no nos echaran ese día. A la semana siguiente fue más de lo mismo. Tan pronto como mi perra se daba cuenta de que nos dirigíamos a la escuela, se emocionaba demasiado y casi comenzaba a arrastrarme.

Nunca vi a nadie tan feliz de ir a la escuela.

Era una buena estudiante, solo que no podía prestar mucha atención a las lecciones. Ella solo quería ser parte de la clase; definitivamente se sentía el alma de fiesta.

Y cada semana, en nuestro camino de regreso a casa, mi perra volvía a comportarse de lo más relajada. Caminaba tranquilamente a mi lado, moviendo la cola con indiferencia mientras yo me preguntaba por qué mi perra no podía actuar de esa manera en la escuela.

El día de la graduación, cada uno de sus compañeros de clase se sentó junto a su dueño, posando para una foto. Mi novia y yo tuvimos que cargar y sostener a mi pitbull para evitar que intentara jugar con la persona que tomaba la foto.

EL DÍA DE LA BODA

El año anterior, había conseguido entradas para una celebración de Año Nuevo, y aunque todavía faltaban semanas para el fin de año, decidí comprobar que aún se me veía bien el traje que había estado guardando en mi armario para una ocasión muy especial. No sé por qué, pero mi ropa parece encoger un poco después de un tiempo, especialmente alrededor del área de la cintura. Necesitaba asegurarme de que no tendría ningún problema con mi traje cuando llegara Año Nuevo; después de todo, iba a ser una ocasión especial.

La camisa, los pantalones y la corbata del traje todavía estaban en la percha, pero el saco estaba en una percha separada junto a ellos. Recordé cuando el gato de mi novia se había enfermado y cómo días antes de que muriera, lo había encontrado tirado en el suelo del armario encima de lo que pensé que era un trozo de tela, y que más tarde me di cuenta de que era mi saco (chaqueta).

En ese momento, no presté atención a mi saco. Estaba más preocupado por cómo iba a reaccionar mi novia, al ver a su gato tan enfermo. Ahora que le puse atención, me di cuenta de que el gato había pasado sus garras por todo el cuello del saco.

"¡Mira lo que tu gato le hizo a mi saco!" Le dije a mi novia mientras le mostraba el cuello de mi saco que el gato había hecho pedazos.

Me miró con tristeza, no por mi saco, sino porque recordaba a su gato que había muerto unos años antes.

"Si no se hubiera muerto ese gato, lo mataría ahora mismo", pensé para mis adentros.

"¿No tienes otro traje"? —preguntó mi novia, sabiendo que tenía un par de trajes más.

"He estado guardando este traje para una ocasión especial", respondí.

"Tal vez pueda arreglarlo", le dije a mi novia, salí de la habitación y agarre la máquina de coser.

Soy chaparro, y en el pasado, cada vez que compraba un par de pantalones, terminaba pagando más para que los ajustaran a mi altura que lo que pagaba por los pantalones en sí. Por lo tanto, me enseñe a coser, para poder arreglar yo mismo mi ropa. Pero cuando miré el saco, me di cuenta de que esto estaba más allá de mi experiencia.

"Tal vez puedan arreglarlo en la tintorería", dijo mi novia al ver mi frustración.

Llevé el saco a una tintorería cercana, pero me dijeron que no podían arreglarla. Llevé el saco a otra tintorería, pero solo me ofrecieron venderme un saco diferente. Después de probar varias tintorerías, finalmente encontré a alguien dispuesto a ayudarme.

"Podría cortar un trozo de tela del interior del saco, remendar el interior con una tela diferente y usar la tela que tomé del interior para formar un nuevo cuello; de esa manera, mientras no vean el interior del saco, nadie podrá ver el daño".

Unos días después, volví a la tintorería y me llevé el saco a casa para poder probarme el traje completo.

"¿Qué te parece"? Le pregunté a mi novia.

Ella sonrió y luego la escuché decir: "Es perfecto".

La miré y me di cuenta de que le gustaba lo que veía, pero no solo miraba el traje, miraba más allá del traje, me miraba a mí. Ella estaba mirando más allá de todas mis imperfecciones obvias y ocultas, estaba mirando al hombre en el que estaba empezando a convertirme, y le gustaba lo que veía.

Unas semanas más tarde, mi novia y yo fuimos a la celebración de Año Nuevo. Se veía hermosa; yo me veía más o menos. Unos minutos antes de la medianoche interrumpí la celebración, llamé a mi novia a mi lado, me arrodillé y le pedí que se casara conmigo. Para mi sorpresa y alivio, ella acepto.

A la mañana siguiente, tan pronto como se despertó, mi novia preguntó cuándo nos íbamos a casar.

"No sé", respondí, "pensé que mi trabajo era solo preguntarte si querías casarte conmigo".

"¿No has hecho ningún plan?", preguntó, obviamente molesta conmigo.

"Bueno", respondí, "¿considerarías que nuestros perros participaran en la ceremonia? Imagínate lo lindos que se verían, tu perro con corbata de esmoquin y mi perra con velo".

"No son ellos los que se van a casar", me recordó. "Además", agregó, "imagina lo loca que se volvería tu perra con tanta gente; sería peor que cuando la llevábamos a la escuela".

Había pensado que nuestros perros podrían ser nuestros portadores de anillos, cuando prometiéramos amarnos el uno al otro, pero luego recordé a mi perra jadeando, ladrando y volviéndose loca de camino a la escuela. Imaginé a mi perra en medio de la recepción, demasiado emocionada para controlarse, corriendo y chocando con la gente como una pequeña versión del demonio de Tasmania de los dibujos animados. También pude verla derribando la mesa que sostenía el pastel de bodas, y luego el pastel cayendo al suelo casi en cámara lenta, y nuestros dos perros corriendo para comer lo que quedaba de él pastel.

Mi prometida tenía razón; No fue una buena idea. De hecho, esa fue mi última aportación con respecto a la planificación de nuestra boda. Ella terminó haciéndose cargo de la planificación y ejecución de la boda.

El día de nuestra boda, mi esposa siempre fiel a sí misma, terminó usando un vestido de novia que su hermana había usado muchos años antes. Añadió un velo de su abuela y los anillos de boda que habían usado sus abuelos. Al igual que cuando la conocí, su familia y sus reliquias familiares seguían siendo una presencia constante para ella.

Por mi parte, había estado tan preocupado por tener un buen traje para Año Nuevo, porque había estado pensando en proponerle matrimonio a mi novia ese día y quería asegurarme de verme bien cuando lo hiciera.

Cuando la conocí, yo ya me había divorciado dos veces. Estaba en un mal momento en mi vida, estaba destrozado, tanto financiera como espiritualmente, probablemente también mentalmente. Estaba hecho pedazos; estaba dañado. Había tratado de arreglarme, con fiestas, drogas y alcohol, y eso, por supuesto, no había funcionado. Había estado en tantas relaciones sin sentido que sentía como si nadie quisiera o pudiera arreglarme. Y fue entonces cuando la conocí. Ella fue capaz de ayudarme a encontrar la manera de arreglarme a mí mismo; se arriesgó conmigo, aunque yo estuviera todo remendado por dentro.

Y por eso al final, no usé el traje que el gato destrozó ese día que le propuse matrimonio. Ese traje, el que luego se arregló en la tintorería, parece nuevo, pero en realidad está todo remendado por dentro (como yo). Ese traje lo guardé para el día de nuestra boda.

Usar ese traje también hizo que me diera cuenta de que los gatos son animales especiales. Después de todo, yo quería que nuestros perros fueran parte de nuestra boda, pero luego decidí no hacerlo. Pero de alguna manera nuestro gato, que había muerto años antes, se las había arreglado para ser parte del evento, de esa manera especial que tienen los felinos.

HABLA INGLÉS

Ahora compartía mis comidas, no solo con el perro de mi esposa, sino también con mi perra. Pero mientras que su perro había sido a menudo muy quisquilloso con la comida, el aceptaba cualquier trozo de carne, pero se negaba a comer verduras o frutas, mi perro no hacía tales distinciones y comía todo lo que le ofrecía.

Incluso comía cosas que no le ofrecían o que ni siquiera se suponía que debía comer. Le gustaba meterse en la caja de arena del gato y comer las cosas que el gato había dejado allí.

Pronto aprendimos a esconder la caja de arena para evitar que mi perro se involucrara en ese hábito repugnante.

Un caluroso día de verano, mi esposa estaba tratando de refrescarse comiendo una paleta (un helado). Mi perra se acercó a ella y comenzó a ladrarle, básicamente exigiendo que le diera un pedazo de la paleta. Solo quedaba un pequeño trozo en la paleta, mi esposa puso la paleta cerca de la boca de mi perra esperando que lamiera el hielo que quedaba en el palo de madera de la paleta.

En cambio, mi perro abrió la boca y en un movimiento rápido se tragó el hielo y el palo de madera que aún estaba adherido a ella. Días después, sucedió algo similar mientras yo comía un mango. Esa vez fui yo quien, esperando que mi perra lamiera un poco de mango que quedaba en la semilla, se lo ofrecí y me sorprendió que se tragara toda la semilla.

Con miedo de que se enfermara, la llevamos al veterinario.

"Parece estar bien", dijo el veterinario después de revisarla. "Solo vigila sus heces (su caca) para asegurarse de que digiera lo que comió, y tengan más cuidado cuándo y cómo la alimentan".

Mi perro tardó días en defecar los restos del palito de helado y la semilla del mango.

Después de eso, nos aseguramos de ser mucho más cuidadosos cada vez que la alimentábamos, pero también cada vez que la paseábamos por el vecindario, ya que devoraba rápidamente cualquiera de las muchas sobras de alimentos que la gente arrojaba en las aceras.

Un día, mientras paseaba a mis perros por el vecindario, mi perra trató de comer un trozo de pizza que había sido desechado y ahora estaba lleno de hormigas.

"*Estas locas*, ¿Are you crazy? *Te vas a enfermar*, you'll get sick", le dije en español mientras jalaba su correa.

Yo soy bilingüe; mis perros también van a ser bilingües.

El perro de mi esposa, que a veces no es demasiado amigable, aprovechó la situación y se abalanzó sobre la pizza, acercándose peligrosamente a una señora que pasaba por allí.

"*Tu tambien*, you too?" Le dije mientras lo jalaba.

"No me importa si se acerca", me dijo la señora, mirándonos a mí y a mis perros.

"No siempre es amistoso", respondí.

—Tal vez sería más amable si no le gritaras —dijo, mirándome de reojo—.

Traté de explicarle que no les estaba gritando, que simplemente les estaba hablando en español y que probablemente por eso ella sentía que mis palabras eran demasiado fuertes.

"Esto es Estados Unidos", respondió. "Deberías hablar inglés".

Me sentí atacado, así que respondí.

"Sí, estamos es Estados Unidos. *Tengo la libertad de hablar cualquier idioma que yo quiera*. I have the freedom to speak any language I want".

Ella me miró y ladró: "mmm".

Mis perros y yo ladrábamos más fuerte.

Después de eso, ambos seguimos nuestros propios caminos.

Regresé a casa y a la mañana siguiente me fui a trabajar.

Cuando regresé del trabajo, mi esposa estaba mirando una página en el internet del vecindario del que ella se había convertido en miembro recientemente.

—Mira —dijo ella—. "Creo que están hablando de ti en Every Block".

"¿Soy famoso?" —le pregunté.

"Sí, pero no en un buen sentido", respondió.

Empecé a leer lo que estaban diciendo.

Cuidado, hay un mexicano... "Espera. Yo no soy mexicano", le dije.

"Sigue leyendo", me dijo.

Unos cinco pies y medio... —"Ojalá".

Guapo... "Está bien, ese soy yo".

Paseando por el barrio, maltratando a dos preciosos pitbulls...

Grité: "¿Qué mierdas?"

"Lo vi ayer", decía un comentario. "Esas personas entrenan a los pitbulls como perros de pelea".

"Alguien debería llamar a la Sociedad Protectora de Animales", sugirió otro.

"Alguien debería llamar a inmigración", agregó alguien más.

"Alejen a esos perros de ese tipo", había escrito alguien.

A estas alturas ya había una veintena de comentarios en hilo, algunos peores que otros.

"Ya publiqué un comentario explicando la situación; simplemente lo ignoraron. No entiendo", dijo mi esposa.

"Les haré entender", dije mientras comenzaba a escribir un comentario no demasiado amistoso.

Mi esposa me puso la mano en el brazo. Dejé de escribir inmediatamente.

No hablaba, pero podía oír su voz: "Sé inteligente, mantén la calma, sé calculador".

Cuando empezamos a salir, íbamos a bailar salsa muy a menudo. Una noche, íbamos de regreso a su casa en mi viejo auto. Me había parado en una gasolinera y había comprado un par de refrescos. Estaba tomando un sorbo de mi lata cuando pasé junto a una patrulla de policía estacionada.

Vislumbré al oficial de policía dentro del auto.

"Oh, no", dije un poco demasiado alto.

"¿Qué pasó?"? —preguntó mi entonces novia, sorprendida al verme alterado de repente.

"Estoy a punto de que me detengan".

—¿Cómo lo sabes?

"Estaba bebiendo de la lata, y la policía probablemente pensó que estaba bebiendo cerveza en lugar de refrescos".

—No creo que te vayan a...

La sirena, más las luces rojas y azules del coche de policía detrás de nosotros, cortaron sus palabras.

Me detuve, con una mano agarrando el volante y la otra sobre él, todavía sosteniendo mi refresco.

"¿Has estado bebiendo esta noche?", me preguntó el policía cuando se acercó a mi coche.

—Solo esto —dije, inclinando la lata que tenía en la mano—. La miró por un segundo. Luego preguntó: "¿De dónde vienes?"

"De bailar salsa", respondí. —Un par de cuadras más abajo...

—¿Y hacia dónde te diriges?

"A casa".

– ¿Hay alguien más en el coche?

"Solo nosotros dos".

—¿Hablas inglés?

Su última pregunta me sorprendió tanto como me molestó. Había estado respondiendo a sus preguntas en inglés; era obvio que hablaba inglés. Quería decirle: "No, no hablo inglés; de hecho, hemos estado hablando alemán todo este tiempo".

Estaba claramente molesto, tanto que mi novia se había dado cuenta.

Me agarró del brazo antes de que pudiera responder a la pregunta del oficial.

Casi me susurraba: "Sé inteligente, mantén la calma, sé calculador".

"¿Qué fue eso?", preguntó el oficial de policía.

Respiré profundamente antes de responder: "Sí señor, hablo inglés"

Me pidió mi licencia y registro. Me excusé para sacarlos del bolsillo y de la guantera del coche y se los entregué.

Volvió a su patrulla para comprobar mi información en su computadora.

"Uno de tus faros está apagado. Asegúrate de arreglar eso", me dijo antes de devolverme mis papeles.

Mi ahora esposa todavía piensa que la luz rota fue la razón por la que me detuvieron esa noche; yo sigo creyendo que el oficial asumió que estaba bebiendo una cerveza. Cualquiera que sea la razón, sé que ella tenía razón al decirme que "sé inteligente, mantén la calma, sé calculador".

De lo contrario, podría haber empeorado las cosas.

Y supe, tan pronto como me agarró del brazo mientras miraba la computadora, que mi esposa quería que yo tomara el camino correcto una vez más.

Escribí una nueva publicación, le agregué una foto mía con mis perros. Incluí mi número de teléfono, el número de nuestro veterinario y el lugar donde habíamos rescatado a la hembra pitbull. También agregué un resumen del feo intercambio que tuve el día anterior.

Agregué un enlace de mi nueva publicación a la publicación acusándome de maltratar a mi perro.

Unos minutos más tarde, los comentarios en la publicación original comenzaron a cambiar de tono. Luego, algunos de ellos fueron eliminados.

Si buscas en esa paina de internet hoy en día, no encontrarás la publicación original acusándome de maltratar a mis perros.

Fue borrada poco después.

Pero es posible que aún encuentres mi publicación, defendiéndome a mí y a mi novia.

La dejé ahí, por si alguien más se atrevía a acusarme de nuevo.

Porque es este país, la gente como yo, la gente de color, o inmigrantes; a menudo somos culpables hasta que se demuestre lo contrario.

LLUVIA

"Vamos ustedes dos, salgamos a caminar", nos dijo mi esposa a mi y a mi perra mientras estábamos sentados perezosamente en el sofá viendo la televisión. A mi esposa le encanta dar largos paseos con su perro; mi perra y yo preferimos dar paseos cortos y relajarnos en el sofá mientras vemos la televisión.

Miré a mi perra y ella me devolvió la mirada.

"Nel, aquí estamos bien", respondí, sin molestarme en levantarme del sofá.

Mi esposa volvió a mirarme. "Vamos, es un hermoso día afuera".

Miré por la ventana y tenía razón. Era un día hermoso. El sol brillaba, los pájaros cantaban. Miré a mi perra. Ella me miro como diciendo: "Nel pastel, aquí estoy bien".

—Vamos —dije, levantando a mi perra del sofá—. Mi perra no estaba contenta; No le gusta que la carguen. Empezó a patear y a tratar de liberarse. La puse en el suelo, le puse la correa y empecé a sacarla por la puerta.

A regañadientes, me siguió.

Tan pronto como salimos, se dirigió al parche de césped frente a la casa. Hizo sus necesidades y comenzó a caminar de regreso al interior. La entiendo; al igual que a mí, no le gusta caminar, especialmente si es un día frío de invierno o si llueve.

Solo una razón más por la que es mi perra.

Pero hoy es un día hermoso, así que empiezo a tirar de su correa obligándola a caminar. Llegamos al final de la cuadra. Puedo ver a mi esposa y a su perro ya a mitad de camino de la siguiente cuadra. Continúo caminando tratando de alcanzarlos, y mi perra comienza a regresar a casa nuevamente.

"Vamos, es un día hermoso", le digo a mi perra. La estoy arrastrando y caminamos cinco cuadras antes de alcanzar a mi esposa y su perro. En ese momento, siento una gota de agua en mi piel. Miro hacia arriba; el sol sigue ahí, no hay nubes en el cielo.

"No va a llover", dice mi esposa. Mi perra no está de acuerdo, nuevamente trata de caminar de regreso a casa.

Caminamos una cuadra más antes de que ocurra el clima de Chicago.

Aparentemente de la nada, muchas nubes grises ahora cubren el sol.

Un minuto es soleado y agradable; Al minuto siguiente llueve y hace frío.

Nos estamos empapando.

Nos refugiamos bajo un techo.

Mi perra me mira como si tratara de decirme: "Te lo dije menso".

La lluvia disminuye un poco, así que mi esposa y su perro comienzan a caminar de regreso a casa. Tiro de la correa de mi perra, pero se niega a moverse.

Le digo a mi perra: "Vamos, vamos a caminar antes de que empiece a llover fuerte otra vez".

Ella se niega a moverse.

La levanto, no le gusta. Ella patalea y se contonea tratando de escapar.

La lluvia comienza de nuevo; Nos estamos empapando de nuevo.

Todavía pataleando y contoneándose, mi perra me mira. Está enojada.

Mi esposa y su perro están saltando bajo la lluvia, yo estoy tratando de correr y cargar a mi perra enojada.

Mi esposa y su perro ya están adentro secándose cuando mi perra y yo llegamos a casa.

Estamos completamente empapados. Dejo a mi perra en el suelo y ella comienza a sacudirse el agua de su cuerpo, salpicándola sobre mí.

"Genial, ahora huelo a perro mojado", le digo a mi esposa que se me acerca con una toalla.

"Pobre bebé", dice.

GOMEZ

Extiendo mi brazo para agarrar la toalla, pero mi esposa sigue caminando junto a mí y la usa para secar a mi perra.

CHARCOS

Después de que mi esposa me dejara esperando una toalla, decidí ir al baño por una toalla para secarme.

De camino al baño, pise en un charco justo que estaba en medio de la sala. Pensando que era resultado del exceso de agua de los perros mojados, agarré un par de toallas de papel y comencé a secarlo.

Fue entonces cuando el inequívoco olor a orines golpeó mi nariz.

"Que extraño, acabamos de regresar de afuera. Ambos fueron al baño antes de que la lluvia se hiciera demasiado fuerte", dijo mi esposa cuando le notifiqué mi hallazgo.

También pensé que era extraño, y pensé que había sido un extraño accidente y no le presté más atención. Pero para mí consternación, los días siguientes, pisar charcos de orina se convirtió en un evento recurrente.

Empezamos a sacar a los perros con más frecuencia que antes, pero los accidentes seguían ocurriendo. Y entonces la gata comenzó a comportarse de maneras extrañas. A menudo pasaba la mayor parte de su tiempo cerca de la ventana durante el verano o encima del radiador durante los días fríos, y a menudo dormía allí. Pero de repente, comenzó a irse a dormir a lugares donde nunca antes había dormido. Varias veces la encontramos dentro de la bañera, debajo del sofá, incluso debajo de nuestra cama.

Y cada vez que la encontrábamos allí, nos dábamos cuenta de que esos lugares también estaban húmedos.

Fue entonces cuando nos dimos cuenta. Era la gata, no los perros, los que habían estado orinando por todos lados.

"Ella nunca había hecho eso antes", señaló mi esposa cuando nos dimos cuenta de lo que estaba pasando.

Mi esposa se sentó en el sofá y, colocando a su gata en su regazo, comenzó a acariciarla lentamente. "Creo que está enferma", dijo mi esposa, mientras su gata ronroneaba suavemente.

Un par de horas después, una visita al veterinario confirmó sus sospechas. No solo había sido ella la que había orinado por todas partes los últimos días, sino que también eran sus últimos días.

Nos despedimos de ella un par de días después, y donamos a un refugio de animales cercano los pocos artículos que tenía, su carruaje para gatos, algunos juguetes y las latas de comida que ya no necesitaría.

TODO ESTÁ BIEN

"Tiene que haber algo que todos podamos hacer juntos", dijo mi esposa.

Ella estaba sentada a un lado del sofá, mientras que los perros se sentaban entre nosotros, casi sin dejar espacio para mí.

"Estamos haciendo algo juntos", le dije. "Estamos viendo la televisión"

Levantó las manos en el aire. "Quiero decir, algo más que ver la televisión".

"Comemos tacos juntos todos los viernes", le dije, recordándole nuestra nueva tradición de comprar tacos para los cuatro que ahora había reemplazado nuestra tradición de desayuno de los domingos por la mañana.

Ella me miró. "Quiero que hagamos algo juntos, además de ver la televisión o comer tacos".

Los perros me miraron, creo que estuvieron de acuerdo conmigo en que no hay nada mejor que ver la tele y comer tacos.

"Lo sé", dijo mi esposa mientras abría su computadora portátil y comenzaba a escribir algo. Unos minutos más tarde, proclamó: "Nos inscribí para una carrera de 5 kilómetros".

Yo tenía muchas preguntas.

¿Se suponía que debíamos correr en parejas o en grupo? ¿Y correría con mi perra o con el de ella? ¿O tal vez sería una carrera de relevos? ¿Y qué íbamos a usar como batuta? ¿Un hueso o algún tipo de cuerda? ¿Y cómo íbamos a evitar que se convirtiera en un juego de jalar la cuerda?

Resultó que el evento no era una carrera en absoluto. Fue más bien un largo paseo con tu perro. Una caminata de 5 km de largo. Y tampoco fue una competencia, sino una recaudación de fondos para uno de los refugios de animales más grandes de la ciudad. Sabiendo que nuestros dos perros eran rescatados, me alegré de que mi esposa hubiera tomado la iniciativa de inscribirnos en ese evento.

Pero estaba un poco preocupado.

Después de todo, mi perra se creía el alma de la fiesta, pero tenía un complejo de Jekyll y Hyde que podía convertirla en un demonio de Tasmania demasiado amigable cuando estaba rodeada de demasiados perros, y el perro de mi esposa tenía un historial de ser extremadamente protector y antisocial.

Aún más, el evento iba a tener lugar a lo largo de la orilla del lago, un lugar con más ardillas que en cualquier otro lugar de la ciudad. La presencia de uno solo de esos roedores excitaría más allá de todo control no solo a nuestros perros, sino a todos los cientos de perros que se esperaba que participaran en el evento. Y siempre existía la posibilidad de que lloviera, en cuyo caso mi perro podría esconderse y negarse a salir.

Como dije, estaba un poco preocupado.

"Todavía dice que no llueve", me dijo mi esposa la noche antes del evento, mientras le preguntaba por centésima vez desde que nos había inscrito en la carrera de 5K que revisara el informe meteorológico.

Al día siguiente me desperté con el sonido de la lluvia.

"Es solo una pequeña llovizna", me aseguró mi esposa mientras comenzamos a prepararnos para los 5K.

Miré a mi perra y ella movió la cola como si tratara de asegurarme que todo estaría bien.

Todavía esperaba lo peor.

Para mi sorpresa, todo salió bien. La lluvia se detuvo, mi perra mantuvo la calma, el perro de mi esposa no se metió en ninguna pelea. Caminamos las tres millas sin que nuestros perros o cualquier otro perro se volviera loco por las ardillas que salieron a ver el evento, casi como si fueran porristas entusiastas en una carrera regular radiantes de orgullo saludando mientras sus amigos pasaban corriendo.

Todo transcurrió sin problemas; incluso nos tomamos una foto en familia con nuestros perros en el 5K.

De camino de regreso a casa, nuestros perros viajaron en la parte trasera de mi auto, habían hecho mucho ejercicio y aún más golosinas de los muchos proveedores que patrocinaron el evento. Ahora dormían y se acurrucaban uno al lado del otro.

Supe entonces que podíamos hacer muchas cosas juntos como familia.

Durante los años siguientes, nos fuimos de vacaciones a una cabaña en medio del bosque. También fuimos de excursión con nuestros perros y visitamos numerosos parques para perros.

Incluso empezamos a llevarlos a la playa para perros. Ya no nos preocupaba que el perro de mi esposa se metiera en una pelea, ya que mi perra lo había hecho mucho más amigable. Y mi perra había empezado a calmarse y no se emocionaba demasiado al conocer a otros perros.

Al principio, mi esposa había mantenido a su perro atado en la playa para perros. Pero después de unos minutos sin incidentes, decidió dejarlo correr con otros perros. Salió despegado y en solo unos segundos había llegado al extremo opuesto de la playa para perros.

Intentó gritar su nombre, pero fue en vano.

Miré a lo lejos hacia donde su perro corría juguetonamente detrás de un perro y grité su nombre.

Dejó de correr, alzó las orejas y miró a su alrededor. Luego comenzó a correr hacia donde yo estaba parado con mi perro a mi lado.

Me estaba escuchando. Me había convertido en el líder de nuestra manada; se había convertido en mi amigo.

Un par de días después me convencí de eso, no por el hecho de que me escuchara, sino porque también me cuidaba.

Estaba acostado en el sofá enfermo de un resfriado. Estaba temblando a pesar de las muchas mantas, incluida la manta térmica, que estaba usando para tratar de mantenerme caliente.

"Esto te hará sentir mejor". Mi esposa me estaba dando un plato de sopa de pollo. Nuestros perros entraron en la habitación, sabiendo que incluso con un resfriado iba a compartir mi comida con ellos. Tan pronto como terminamos la sopa, mi perra salió de la habitación. El perro de mi esposa estaba cerca de mí mientras yo me enterraba una vez más bajo las mantas.

Pero todavía tenía demasiado frío.

Momentos después, el perro de mi esposa saltó en el sofá básicamente encima de mí.

Quería decirle que se fuera, pero estaba demasiado enfermo para protestar. Fue solo después de que finalmente comencé a calentarme que me di cuenta de que su perro estaba tratando de hacer que yo me sintiera mejor.

YO TAMBIÉN TE AMO

Era la víspera de Año Nuevo, pero en lugar de salir a celebrar con amigos, decidimos ver los fuegos artificiales en la televisión y dejar que nuestros perros durmieran en nuestra cama como una gran familia feliz.

Fue una excelente manera de comenzar el Año Nuevo.

Pero pocos días después del nuevo año, empezamos a notar que el perro de mi esposa no quería comer; Tenía problemas para caminar y no se veía bien. Siempre había estado lleno de energía, pero ahora siempre estaba cansado.

A estas alturas, había aprendido que hay muy pocas cosas en la vida mejores que llegar a casa y ser recibido con entusiasmo por tus perros. Pero ahora, cuando regresaba del trabajo, solo mi perra se acercaba a la puerta mientras que el perro de mi esposa me miraba desde donde estaba acostado en el suelo.

"¿Qué está pasando?" Le pregunté a mi esposa, sorprendido por la falta de entusiasmo de su pitbull por mi regreso del trabajo.

"Debe haber comido algo que lo enfermó", respondió mi esposa. "Va a estara bien pronto".

Pero en los días siguientes su condición empeoró. Hasta que llegó un día en que ya no quería o no podía levantarse.

Volví del trabajo y encontré a mi esposa sentada en el suelo al lado de su perro.

Ayudé a llevar a su perro al auto.

"Va a estar bien", le dije a mi esposa cuando entramos a la oficina del veterinario.

Después de mirar a su perro, el médico hablo con nosotros.

"Tiene problemas con su hígado; con una operación podría vivir unos meses más, pero tendrá dolor y existe la posibilidad de que no sobreviva a la operación". Se fue para darnos unos minutos para pensar en nuestras opciones.

Mi esposa comenzó a llorar. Yo me recordé a mí mismo que debía ser fuerte.

"No quiero verlo sufrir", dijo entre sollozos.

Le explicamos nuestra decisión a la doctora, y ella fue a buscar al perro para que pudiéramos despedirnos.

Cuando vi al perro entrar en la habitación, no podía creer que fuera el mismo perro que solía aterrorizarme. Ahora, estaba aterrorizado por el hecho de que no volvería a verlo.

Y entonces recordé, que cuando era niño, tenía un perro. Pero un día, se enfermó y falleció unas horas después. Había sido una pérdida tan repentina y pesada que después de ese día, me había abstenido de tener mascotas.

No solo les tenía miedo a los perros; tenía miedo de amar a otro perro.

Mi esposa estaba acariciando a su perro. "Sabes, las personas del lugar de rescate donde lo adopté, lo encontraron solo en una carretera con una cadena de metal incrustada alrededor de su cuello. Probablemente fue abusado cuando era un cachorro".

"Pero te aseguraste de darle un hogar bueno y amoroso —dije, abrazándola.

Y entonces me di cuenta de que cuando lo conocí, su perro probablemente me tenía tanto miedo a mí, como yo le tenía miedo a él.

Probablemente le tomó mucho tiempo confiar en mí, al igual que me había tomado mucho tiempo sentirme seguro con él, pero finalmente nos hicimos amigos.

Me había prometido a mí mismo mantenerme fuerte, pero antes de darme cuenta, estaba acostado a su lado, tirado en el piso y llorando como un bebé. No podía creer que alguna vez le hubiera tenido miedo, o que hubiera querido deshacerme de él, ahora quería más que nada tener más tiempo con él.

Cuando el médico lo inyectó, lo acaricié y lo abracé. Con lágrimas en los ojos, le dije cuánto lo amaba. Me miró directamente a los ojos, y antes de cerrarlos por última vez, me lamió la cara, como queriendo decirme que él también me amaba.

PERRO MONSTRUO

Cuando llegamos a casa, mi perra comenzó a caminar alrededor de mi esposa y de mí, buscando a su amigo.

"Lo siento cariño, se ha ido", le dije, pero ella siguió buscándolo.

Esa noche, mi pitbull no durmió en su cama; en cambio, se acostó en la cama de su amigo, gimiendo de dolor y tristeza mientras se iba a dormir.

Los siguientes días comenzó a perder el apetito, y cada vez que la llevaba afuera, pasaba tiempo extra oliendo los árboles y rincones que eran los lugares favoritos de su amigo, como si estuviera tratando de encontrarlo allí.

"¿Crees que va a estar bien?" Le pregunté a mi esposa.

"Echa de menos a su amigo", respondió mi esposa. "Tal vez deberíamos conseguir otro perro".

Pensé que era demasiado pronto, pero también sabía que mi esposa extrañaba a su perro tanto o más que mi perro.

"Tu cumpleaños se acerca pronto", le dije a mi esposa. "Tal vez un perro nuevo podría ser tu regalo de cumpleaños".

"Ese sería el mejor regalo de cumpleaños de mi vida", respondió entusiasmada, y sin perder un minuto encendió su computadora portátil y comenzó a buscar un nuevo perro.

"Que tal otro pitbull", dijo, sonriendo.

¿"Un cachorro"? —pregunté.

"No, los cachorros son demasiado trabajo", respondió.

Después de un par de días, había encontrado un pitbull macho pequeño y joven que necesitaba ser adoptado.

"Deberíamos traer a mi pitbull, para asegurarnos de que se lleven bien", le dije a mi esposa cuando me dijo que había hecho una cita en el refugio de animales.

"Estoy segura de que se llevarán bien", respondió.

"Pero, ¿y si no? Lo último que quieres es traer un perro, que no se lleven bien, y luego tener que regresarlo".

Ella estuvo de acuerdo, y al día siguiente yo, mi esposa y mi perra fuimos al refugio de animales.

Trajeron el pitbull que mi esposa había visto en el internet. Pero ese no era el pequeño pitbull que vimos en el anuncio; era un manojo de músculos dos veces el tamaño de mi perra. Mi perra estaba aterrorizada de él, mi esposa y yo también estábamos aterrorizados.

"Está bien", dijo el trabajador del refugio. "Tenemos otros pitbulls que le podrían gustar".

Trajeron un segundo, un tercero y un cuarto pitbull, pero ninguno le gusto. En lugar de jugar con ellos, mi pitbull se escondió, temblando entre mis piernas.

"¿Qué te pasa?" Le pregunté a mi pitbull. "Estás discriminando contra los de tu propia especie".

Mi perra me miró (un chico latino) y luego mi perra miró a mi esposa (una gringa) y luego mi perro me miró a mí.

No sé qué estaba tratando de decirme. Pero yo estaba cansando de ver tantos perros que a mi perra no le gustaban.

Después de algunos intentos más, no pudimos encontrar un pitbull que fuera una buena pareja para ella.

Estábamos a punto de irnos.

"Tenemos un perro más", dijo la trabajadora, y fue a la parte trasera de las instalaciones a buscarlo. Regresó con un cachorro de siete meses que parecía una mezcla de dóberman, rottweiler y husky, nada parecido a un pitbull.

Mi esposa y yo nos miramos con una mirada de desaprobación. Queríamos un pitbull. Ese perro que nos mostraron parecía más a una mezcla de jirafa y oso.

Pero cuando mi perro se encontró con ese perro en medio de la habitación, comenzaron a jugar entre ellos.

Aun así, mi esposa y yo no estábamos convencidos.

"No quiero un cachorro", me recordó.

Miré a ese perro monstruoso; no me parecía un cachorro. Parecía un adulto.

"Tiene siete meses", comentó la señora del refugio.

"Mira su cabezota y sus largas patas", dijo mi esposa señalando al enorme perro, "parece un cachorro que va a crecer un poco más".

Tenía miedo de pensar que ese perro podría hacerse más grande.

Mi esposa me recordó una vez más: "Los cachorros son demasiado trabajo; Tendremos que entrenarlo".

"Ya está entrenado", aseguró el trabajador.

"Iremos a otro refugio", respondí. "Tal vez podamos encontrar un pitbull que nos guste a todos allí".

Comencé a salir del refugio, pero noté que por primera vez en semanas mi perra no se veía triste.

Eso me hizo detenerme y preguntarle a mi esposa: "¿Qué tal si traemos a ese cachorro de aspecto extraño a casa por un par de días para ver si se llevan bien?"

"Pensé que querías otro pitbull", respondió.

"Lo que quiero es verlas felices a las dos", le respondí.

Volvimos al refugio y llenamos el papeleo necesario para traer a ese cachorro de aspecto loco a casa.

Esa noche, los perros siguieron jugando alrededor de la casa hasta casi la medianoche. Seguí tratando de ponerlos a dormir y seguían levantándose para jugar como un par de niños que se negaban a irse a dormir.

"Tienen que irse a dormir", les dije mientras me levantaba de la cama por quinta vez esa noche.

Tomé al cachorro por el collar y lo puse dentro de una jaula para perros sin llave al otro lado de la habitación, frente a donde segundos después puse a mi perra en su cama.

Pero tan pronto como regresé al dormitorio, pude escuchar sus patas en el piso de madera mientras comenzaban otro combate de lucha libre.

Moví mi cabeza, suspiré, traté de dormirme.

Debería haber estado enojado porque los perros me mantenían despierto, pero estaba demasiado emocionado pensando en los nuevos recuerdos que nuestra familia iba a crear. Lo más me alegro era saber que las dos damas de la casa estaban sonriendo de nuevo.

LO MEJOR

En los pocos días que nuestro nuevo cachorro había estado en casa, había demostrado ser un gigante muy gentil.

"¿Estás seguro de eso?", me había preguntado mi esposa, cuando durante el segundo día que nuestro cachorro había estado en casa, yo puse un pedazo de tortilla en la palma de mi mano y se la ofrecí.

"Estaré bien", mentí, mi mano temblorosa revelando lo asustado que estaba.

Para mi alivio, tomó el pedazo de tortilla sin siquiera tocar mi piel.

Recordé que la gente del refugio nos había dicho: "se están llevando a nuestro mejor perro". En ese momento, pensé que solo estaban diciendo eso para que lo adoptáramos.

Pero después de que le dije al cachorro que se sentara, luego se quedara, y él me escuchó, comencé a creerlo. Y luego realmente lo creí cuando después de decirle que se sentara y se quedara, me alejé unos metros de él y coloqué un pedazo de tortilla en el suelo. Nuestro cachorro me miró y solo se movió cuando dije: "Está bien".

Nunca había podido hacer eso con el perro de mi esposa.

En realidad, había fracasado en muchas cosas con su perro.

La primera vez que mi esposa me pidió que sacara a pasear a su perro (cuando éramos novios) lo llevé a dar la vuelta a la manzana y luego regrese a dormir.

Cuando mi esposa regresó del trabajo unas horas más tarde, su perro había hecho caca en la otra habitación. Estaba enojada, y luego se molestó cuando vi el desastre y casi vomitó, casi empeorando las cosas.

También tuve fracasos con nuestro segundo perro (la que se convirtió en mi perra).

Aunque cuando mi perra llegó a nuestras vidas, yo ya estaba acostumbrada a mucha mierda.

Lo digo, pues había ayudado a recoger y limpiar los desechos de su perro tantas veces, que sabía que era básicamente parte del trato.

Por eso no me molestó cuando una mañana después de haber adoptado a mi perro, mientras me preparaba para ir a trabajar, de repente me metí en un charco de orina en medio del piso del comedor. En todo caso, me sorprendió, después de todo nos habían dicho que estaba entrenada.

"No debimos haberla escuchado ladrar en medio de la noche", respondió mi esposa medio dormida cuando le informé del "accidente".

Sin embargo, los días siguientes mi perra continuó teniendo "accidentes" dentro de la casa.

Mi esposa y yo pusimos una campanita en la parte baja de la puerta, con la esperanza de que mi perra lo golpeara con la pata si necesitaba salir. Pero eso no funcionó en absoluto.

Nos tomó un tiempo aprender que cuando mi perra necesitaba salir, nos miraba rápidamente sin hacer ruido, luego corría en círculos un par de veces, antes de hacer sus necesidades.

Aprender eso, y establecer un horario por las mañanas, después del trabajo y antes de acostarnos, puso fin a los "accidentes" diarios en casa, aunque de vez en cuando había incidentes.

Esperaba "accidentes" cuando el cachorro llegó por primera vez, especialmente porque solo tenía unos meses de edad. Pero para mí deleite, nunca hubo uno. Además de caminar hacia la puerta cuando necesitaba salir, también esperaba a que nos preparáramos.

La gente del refugio tenía razón. Habíamos adoptado a su mejor perro.

El comportamiento de nuestro cachorro en la escuela de obediencia lo corroboró aún más. Desde el primer día, nuestro cachorro demostró ser un alumno estrella. Varias veces, fue elegido por el maestro para mostrar la nueva lección al resto de la clase. Era el mejor de su clase, y era el mejor perro para nosotros.

De hecho, cada uno de nuestros perros (y también gatos) era el mejor a su manera. Tuvimos suerte de tener a cada uno de ellos en nuestras vidas.

CÍRCULO COMPLETO

"Hemos tenido tantos buenos recuerdos en este apartamento", le dije a mi esposa mientras miraba alrededor de nuestra casa. Las cajas que contenían la mayoría de nuestras pertenencias estaban esparcidas a nuestro alrededor.

"No puedo creer que nos estemos mudando de nuevo", dijo mi esposa.

"Lo que no puedo creer", respondí, "es que te otra vez estoy ayudando a moverte".

Antes de empezar a salir juntos, habíamos sido buenos amigos, amigos salseros.

Un día, después de una noche de bailar salsa, hace muchos años, fui parte de un mensaje de texto en grupo en el que se nos había pedido a mí y a varios de mis amigos salseros que ayudáramos a llevar muebles de un lugar a otro, ya que nuestra amiga salsera se mudaría de su apartamento en Edgewater a su nuevo lugar en Logan Square.

Todos habíamos acordado ayudar.

Un par de semanas después, estaba en casa. Mis hijos de mi primer matrimonio que ya eran adolescentes habían venido a casa para pasar tiempo conmigo durante el fin de semana. Estaban jugando videojuegos mientras yo los miraba desde una corta distancia.

De repente, recibí un mensaje de texto: "Hola, me mudo hoy. ¿Aun vas a venir a ayudarme?"

Era mi amiga. Me había olvidado que había prometido ayudarla.

"Vuelvo enseguida", les dije a mis hijos, "no le abran la puerta a nadie". Les expliqué que tenía que ayudar a una amiga, pero que probablemente volvería en solo un par de horas. Pensé que, dado que la mayoría de mis amigos salseros ya estaban ayudando, solo ayudaría a mover algunas cosas y luego me disculparia para volver con mis hijos.

Para mi sorpresa, yo fui el único de nuestros amigos salseros que se presentó para ayudar.

Mi amiga no tenía a nadie más que la ayudara, aparte de su padre anciano, un cuñado con una rodilla mala y otro cuñado con solo unos cuantos minutos libres.

Recuerdo que entré en su apartamento y levanté una silla completamente cubierta de pelo de perro y gato.

"No sé si debería llevarme esa silla", dijo mi amiga al verme levantarla.

Tosiendo mientras inhalaba involuntariamente parte de los pelos que caían de la silla que ahora estaba sobre mi hombro, respondí: "Deberías llevarla al callejón y dejarla allí".

"Creo que tienes razón", respondió, "lástima, a mis mascotas les encanta esa silla".

Recuerdo que llevé la silla al callejón y luego me quité la camisa para sacudirme todo el pelo de las mascotas que se me había pegado.

Después de pasar más de un par de horas colocando todos los artículos pesados en el camión que mi amiga había pedido prestado para la mudanza, le pregunté a dónde se mudaba, más explícitamente, a qué piso se mudaba.

"Un apartamento en el tercer piso", respondió.

Me había mudado muchas veces antes. Y si algo había aprendido de todas mis mudanzas anteriores era que no hay nada peor que subir y bajar cargas pesadas por varios pisos de escaleras. Ella se estaba mudando de un apartamento en el primer piso, y yo había podido ayudarla casi por mi cuenta. Pero si iba a ayudarla a mudarse a un apartamento en el tercer piso, iba a necesitar ayuda. Como ninguno de nuestros amigos salseros respondía a sus mensajes de texto pidiendo ayuda, yo iba a tener que pedirles ayuda a mis hijos.

Le dije a mi amiga que terminara de empacar el camión con todos los artículos pequeños. Mientras tanto, iba a ir a ver a mis hijos y me encontraría más tarde con ella en su nueva casa para ayudarla con el resto de la mudanza.

De camino a casa, no dejaba de pensar en formas de convencer a mis hijos de que me ayudaran.

Podría darles un sermón sobre la importancia de ayudar a los necesitados. Puede que acordaran ayudarme, solo para callarme.

Podría prometerles una nueva consola de videojuegos a cambio de su ayuda. Sin embargo, la extorsión puede ser una solución rápida, pero resulta costosa a largo plazo.

Tal vez podría recordarles que yo era su padre y, como ellos eran mis hijos, yo esperaba que hicieran lo que se les decía. Pero como padre de fin de semana, sabía que este era probablemente el peor curso de acción y el que podría resultar menos efectivo.

"Necesito su ayuda", les dije a mis hijos tan pronto como llegué a casa.

Mi hija y mi hijo dejaron de jugar al videojuego y me miraron.

"Mi amiga se está mudando y tiene demasiadas cosas"... Pensé en qué más decir, cuál era la mejor manera de convencerlos de que ayudaran.

"Está bien", dijeron ambos mientras apagaban el juego y comenzaban a caminar hacia la puerta.

Me sentí muy orgulloso de ellos.

Cuando llegamos a la casa nueva de mi amiga, me sentí aún más orgullosa ya que mis hijos subían y bajaban muchas cargas de cosas no demasiado pesadas por las escaleras, mientras que yo ayudaba a cargar la mayoría de los artículos pesados.

Al final del día, mi amiga mostró su gratitud comprándonos un par de pizzas, que mis hijos devoraron agradecidos.

"Entonces, ¿es tu novia?", me preguntó uno de mis hijos, no recuerdo cuál, cuando los llevaba de regreso a casa.

"No", respondí. "Ella es mi amiga; me cae muy bien, pero no podría salir con alguien que tiene mascotas".

Nunca imagine en ese momento que solo unos años más tarde no solo estaría saliendo con mi amiga, sino que terminaríamos casándonos y eventualmente aprendería a amar a sus mascotas. Incluso tendría una perra propia. Estaríamos viviendo juntos de regreso en Edgewater y nos estaríamos preparando para mudarnos una vez más.

—¿En qué estás pensando? —preguntó mi esposa, interrumpiendo mis pensamientos.

"Nadie nos está ayudando a mudarnos esta vez" Pensé en mis hijos ahora lejos y adultos, ocupados con sus propias vidas. Pensé en mi cuerpo envejecido, ahora era yo el que tenía una rodilla mala y una espalda propensa a las lesiones. Y pensé en nuestros amigos, los que nos habían ayudado a mudarnos allí, ahora como yo, mucho más viejos.

"Es por eso que contratamos a una empresa de mudanzas", dijo mi esposa como si leyera mis pensamientos. "Esta vez será mucho más fácil".

"Eso, y el hecho de que no nos vamos a mudar a un tercer piso". Miré a mi perra. Ella también se estaba haciendo vieja y habíamos buscado y encontrado a propósito un apartamento en el primer piso, ya que subir o bajar escaleras se le estaba haciendo difícil.

"Estará contento con el espacio extra", dijo mi esposa, mirando a su perro (ahora mucho mayor, pero todavía lo veía como un cachorro), muchas veces había corrido contra las paredes de nuestro apartamento cuando se encontraba corto de espacio para correr.

"Creo que a ti también te gustará el espacio adicional", le dije, recordándole a mi esposa la vez que había estado en una reunión de zoom y sus estudiantes le habían preguntado si tenía la radio encendida cuando me escucharon cantando canciones rancheras mientras estaba en la ducha.

Mi esposa sacudió la cabeza al recordar ese día.

—Voy a echar de menos este lugar —dije una vez más, mirando a mi alrededor—.

"Yo también", dijo mi esposa. La abracé y la besé.

"Tal vez podríamos llevarnos un pedazo de este lugar con nosotros". Señalé una de las tapaderas del radiador que había encontrado para nuestra casa.

Estábamos poniendo nuestro apartamento en venta, y yo había pensado que las cubiertas de los radiadores iban a agregar valor al lugar. Sin embargo, nuestro agente inmobiliario nos había recomendado categóricamente que nos deshiciéramos de ellas. Como no podía dejarlas allí, tenía la esperanza de llevarlas con nosotros a nuestro nuevo hogar, pero los radiadores eran de diferentes tamaños y ya todos tenían cubiertas.

Mi esposa me miró. "Sabes lo que tienes que hacer", decía su mirada.

Llevé las cubiertas al callejón.

Cinco minutos después, cuando fui a sacar la basura, las cubiertas habían desaparecido.

La razón más probable de su desaparición, es que uno de los muchos camiones que recorre los callejones de Chicago recogiendo chatarra pasó por allí, y uno de sus pasajeros se había llevado las cubiertas metálicas viejas para venderlas como chatarra.

Pero me gusta pensar que alguien vio las cubiertas de los radiadores en el callejón, se apresuró a recogerlas y darles un buen uso en su propio apartamento, ahora perfecto.

DOBLE DIVERSIÓN

Nuestro cachorro era ahora un perro joven. Había demostrado ser una magnífica adición a nuestra familia.

Nadie estaba más feliz de tenerlo que mi perra. Se entretenían con combates de lucha que duraban horas.

A mi esposa le preocupaba que nunca se detuvieran.

Especialmente porque mi perra estaba envejeciendo y no parecía tener suficiente energía para seguir el ritmo de nuestro perro joven.

"Tenemos que comprarle un juguete", dijo mi esposa un día mientras comprábamos comida para perros en la tienda de mascotas.

"¿Qué tal este?" Le mostré un juguete chirriante que prometía horas de diversión.

"Lo destrozara en minutos", dijo, mostrándome cómo el juguete estaba designado como un juguete de fuerza uno, destinado a perros mucho más pequeños.

Mi esposa señaló la información en el paquete de juguetes: "El juguete más fuerte es el número 10".

"Entonces, ¿qué número necesitamos para nuestro perro joven"? —le pregunté.

"Estará bien con un número siete".

Después de todo, tuvimos suerte de que nuestro perro joven no hubiera intentado morder nuestros zapatos o muebles; seguramente un juguete número siete sería suficiente para él.

Una vez que llegamos a casa, nuestro perro joven tardó menos de un minuto en destruir el peluche y quitar la bola chirriante que había estado escondida en su interior.

A la semana siguiente, mi esposa compró un juguete de nivel ocho.

Tardó más en llevar el juguete a casa que nuestro perro joven en destruirlo.

A la semana siguiente, fuimos directamente a por un juguete de nivel diez, el más fuerte que tenían. Seguramente, eso sería suficiente.

—Este durara al menos un par de días —dije, pagando por el juguete—. Una vez en casa, nuestro perro joven tardó menos de un minuto en demostrar lo equivocado que había estado.

Durante las dos siguientes semanas, probamos diferentes marcas y tipos de juguetes, todos ellos supuestos a durar para siempre. Algunos de ellos duraron un par de días, pero solo si podíamos quitárselos a nuestro perro joven antes de que los destruyera por completo.

Me estaba cansando de ver cómo nos robaban el dinero cada vez que el perro destruía un juguete tras otro.

Mientras intentaba quitarle uno de esos desafortunados animales de peluche a nuestro perro joven, descubrí accidentalmente que le gustaba jugar al tira y afloja. Corrí al armario donde guardábamos algunos juguetes viejos para perros y saqué una vieja cuerda anudada.

Al principio, nuestro perro joven parecía entusiasmado con eso. Yo me entusiasme ante la perspectiva de no tener que gastar más dinero en juguetes de peluche para él, pero después de un corto tiempo prefirió tratar de romper la cuerda en pedazos.

Mi esposa continuó comprando animales de peluche, convirtiendo nuestro hogar en uno de esos lugares espeluznantes en las películas de miedo donde la gente se aventura solo para encontrar su final, pero en nuestro hogar, fueron los animales de peluche los que encontraron su muerte temprana.

Soy tacaño, no quería comprar más juguetes para nuestro perro joven.

Un día, mi esposa me pidió que al regresas del trabajo, pasara por la tienda de mascotas y comprara comida para los perros.

Mientras esperaba en la fila para pagar, de repente vi algo que me llamó la atención. Era un juguete para perros inusual. Estaba hecho de plástico en lugar de tela. Tenía la forma de una letra S y era color azul cielo. Según el paquete, era el juguete más fuerte del mercado. A pesar de las decepciones anteriores con otros juguetes ultra fuertes, decidí probarlo.

"Mira a este juguete azul", le dije mientras le mostraba el juguete a mi esposa una vez que llegué a casa.

—¿Crees que le va a gustar?

"Solo hay una manera de averiguarlo".

Le mostré el juguete azul a nuestro perro joven e inmediatamente mordió un extremo del juguete, y lo mejor fue que el juguete no se rompió en pedazos. Jale del otro extremo y pronto nos quedamos atascados en un juego de tira y afloja. Gané, pero estaba demasiado cansado para seguir jugando, así que lancé al juguete azul al otro lado de la habitación. Nuestro perro corrió tras él, se lo llevó a la boca y me lo devolvió. Nunca antes había ido a buscar un juguete.

Había encontrado el juguete perfecto para él.

Empezamos a traer el juguete azul la mayoría de las veces que sacábamos a pasear a nuestro perro joven. Si lo llevábamos al parque para perros o a la playa para perros, jugaba al tira y afloja con otros perros. Y siempre ganaba.

Lo mejor del juguete azul era que era más fuerte que cualquier otro juguete que le hubiéramos comprado a nuestro perro joven. Pasaron meses antes de que comenzara a mostrar signos de desgaste. A esas alturas, nuestro perro joven había demostrado ser más fuerte que todos los demás perros en lo que respecta al tira y afloja.

Para entonces los paseos por la playa en los fines de semana habían reemplazado a nuestras caminatas de Domingo por el parque.

Un día, mientras caminábamos por la playa, se metió en un tira y afloja con otro perro, y este otro perro no se echó atrás.

Pronto, los otros dueños de perros que paseaban a sus perros por la playa se acercaron para ver qué estaba pasando. Mientras tanto, los perros gruñían y tiraban de los extremos opuestos del juguete azul, mientras que el número de personas alrededor se hacía cada vez más grande. Sospechaba que la mayoría de ellos estaban resentidos con nuestro perro joven porque le había ganado a sus perros y querían verlo perder.

– ¿Trajiste tu teléfono? Le pregunté a mi esposa. Quería grabar el épico concurso de perros, pero acababa de darme cuenta de que había dejado mi teléfono en casa.

Ella negó con la cabeza. Miré a mi alrededor para ver si alguien estaba grabando, pero todos estaban demasiado ocupados viendo la acción para sacar sus teléfonos. En ese momento, ambos perros tiraron del juguete azul con todas sus fuerzas y el juguete se partió por la mitad.

"¡WOW!", exclamamos todos casi a la vez, poco después la multitud estallo en vítores. Algunos declararon que esperaban que ganara uno u otro perro, pero nunca esperaron que la pelea terminara en empate.

"Lo siento, por favor dime dónde puedo comprarle otro juguete a tu perro". El dueño del otro perro estaba tratando de disculparse porque el juguete azul había terminado partido por la mitad.

Le dije que no se preocupara por eso; le aseguré que ya había comprado otro juguete para mi perro. Pero sí le dije dónde comprar un juguete como el que habían roto, solo para que pudiera comprarle uno a su perro.

A la semana siguiente, volvimos a pasear a nuestro perro joven por el lago. Llevaba con orgullo un juguete nuevo en la boca.

Un tipo se me acercó. "Qué batalla tan épica la de la semana pasada". Lamentó que nadie haya registrado el suceso.

"Tal vez vuelva a suceder", dijo. "El otro perro está justo allí". Señaló el lugar donde estaba la dueña del otro perro lanzando un juguete que su perro corrió ansiosamente a buscar.

"Bueno, parece que ambos tienen un juguete nuevo", dije, señalando el juguete nuevo que nuestro perro sostenía en la boca.

En ese momento, el otro perro corrió hacia nosotros. Tenía un juguete en la boca, pero era un juguete de otro tipo.

Mi esposa y yo nos miramos sorprendidos.

—¿Es eso un dil...? Empecé a preguntar, pero me detuve cuando vi que la dueña del otro perro se acercaba a nosotros.

—Veo que tu perro tiene un juguete nuevo — dije—.

"No es como el tuyo", dijo la señora.

"No, no lo es, para nada", respondí.

Ella se encogió de hombros. "Al menos, no tuve que comprarlo".

Tenía miedo de preguntar. Miré a mi esposa, en silencio.

"Mi ex compañera de cuarto lo dejó en mi casa y mi perro lo encontró debajo de la cama", dijo la señora. Cuando comenzó a tirar de una de las cabezas en un extremo, mientras su perro jalaba de la otra cabeza.

"Tal vez los perros empiecen otra batalla épica", dijo la señora sonriendo.

"No lo creo", respondí antes de que pudiera contenerme.

Sorprendida por mi respuesta, la señora me miró de reojo.

—No me gustaría que se rompiera tu juguete — dije, excusándome y empezando a alejarme.

Nuestro perro joven perro no quería irse, así que le dije mientras tiraba de su correa: "Eres demasiado joven para jugar con esos juguetes para adultos".

CADÁVER

Nos habíamos mudado a Rogers Park, una parte de la ciudad de Chicago muy diversa, cerca de la orilla del lago. Como tal, a menudo no convertimos en testigos involuntarios de barbacoas, fiestas de cumpleaños y una que otra boda.

Una mañana, mientras mi esposa y yo caminábamos con nuestros perros por la playa, encontramos un paquete de aspecto sospechoso en una bolsa de plástico negra resistente que estaba sobre la arena.

Nuestros perros se volvieron locos, olfateando y tratando de abrir la bolsa.

Me acerqué a la bolsa, preguntándome qué podría haber dentro de ella.

Los perros habían hecho un pequeño agujero en la bolsa, y de ella goteaba un líquido rojo que sólo podía describirse como sangre. Intenté levantar la bolsa, pero de ella salía un horrible olor pútrido.

"Oh, Dios mío, ¿qué hay ahí?", dijo mi esposa mientras percibía el olor.

"No lo sé", respondí. "Podría ser cualquier cosa".

Había estado viendo demasiada televisión. En mi mente, inmediatamente pensé que era un cadáver, tal vez una víctima de los cárteles de la droga, un asesino en serie o una disputa entre pandillas.

No sabía qué hacer. No podía dejar la bolsa ahí. Para mi consternación, hice lo único que me quedaba por hacer. Me convertí en una vieja chismosa Becky y llamé a la policía.

Mi esposa me miró. "Deberíamos irnos antes de que llegue la policía; podrían pensar que tú lo hiciste".

Estaba a punto de preguntar por qué la policía pensaría que yo era un sospechoso, pero entonces lo recordé. Soy una persona de color; y además como inmigrante siempre somos sospechosos.

Empecé a tratar de recordar lo que había visto en los programas de televisión. ¿Podrían las superficies de plástico contener huellas digitales? ¿Podría borrarlas? Tal vez debería asegurarme de no dejar ningún ADN, ningún cabello, tal vez debería borrar mis pisadas en la arena...

Pero entonces recordé que yo los había llamado. Ya tenían mi número de teléfono.

Nos quedamos y a los pocos minutos llegó un coche de policía.

Le mostré la ubicación de la bolsa a un oficial de policía, mientras que un segundo oficial y luego un tercero comenzaron a acercarse a la escena.

Me dijeron que me quedara un poco atrás.

Los policías se acercaron a la bolsa. Uno de ellos se puso una máscara, luego una segunda máscara y luego una tercera. El oficial con las máscaras se arrodilló y abrió la bolsa.

El olor se hizo más fuerte. Podía oír a mi esposa a la distancia en la playa tratando de calmar a los perros mientras lloriqueaban y tiraban de sus correas.

Un oficial de policía se tapó la boca, retrocedió unos pasos, se dio la vuelta y comenzó a vomitar. El otro prendió su radio, walkie-talkie.

"Sangre, sssshh, cabeza, sssshhh, pedazos, ssshhh".

Fui a decírselo a mi esposa.

"Creo que encontraron un cadáver dentro de la bolsa"

Esperé a que la policía empezara a poner la cinta de la escena del crimen alrededor de la bolsa de plástico. Pero se subieron a sus autos y se quedaron allí.

Empecé a acercarme a la escena. No pude evitarlo, quería ver. Necesitaba ver.

Era un cadáver.

La víctima había sido atada, decapitada, destripada y cortada en pedazos.

Básicamente estaba a solas con el cadáver; Solo me quedaba una cosa por hacer.

Agarré mi teléfono y tomé una foto.

Luego corrí de regreso a donde mi esposa estaba esperando con nuestros perros.

Intenté mostrarle la foto.

—No, no quiero verlo —dijo, apartando el teléfono—.

—Pero es una buena foto —dije tratando de mostrársela a los perros—.

"¿Cómo pudiste tomar una foto de eso?", preguntó, enojada.

Pensé que era una foto muy buena, tan buena que si la publicara en Instagram, podría volverse viral y podría hacerme famoso.

Pero mi esposa no estaba de acuerdo.

"¿Cuál es el problema?" Le pregunté: "¿Nunca has visto un pollo muerto?

"¿Un pollo?", respondió ella, mirando finalmente la foto.

Vivimos en una parte muy diversa de la ciudad de Chicago, y como vivimos cerca de la orilla del lago, a menudo participamos involuntariamente en barbacoas, fiestas de cumpleaños, bodas y los restos ocasionales de uno o dos pollos que probablemente fueran sido asesinados como parte de algún tipo de ceremonia de santería o vudú.

Después de que mi esposa vio la foto, comenzó a alejarse.

"¡Espérame!" Grité, mientras intentaba meter el teléfono en mi bolsillo.

"Bueno, apúrate entonces", dijo mientras tiraba de la correa de nuestros perros que todavía intentaban volver a la bolsa de basura. Querían pollo.

Di unos pasos y vi medio enterrado en el suelo lo que pensé que era una pelota de tenis.

—Oh, una naranja —dije mientras recogía el objeto redondo de la arena—.

Mi esposa miró hacia atrás. Había varias naranjas esparcidas por la playa.

"Probablemente sobraron como parte de la ceremonia", le dije a mi esposa.

"No te los comas", respondió mi esposa. "Podría ser una falta de respeto".

"Pero son tan deliciosos", respondí. Ya había pelado la naranja y le estaba dando mordiscos.

Mi esposa cerro los ojos por un momento. Sospecho que en secreto deseaba que ella también pudiera ponerme a mí una correa.

PERRITA ZOMBI

Eran alrededor de las tres de la madrugada y nos dirigíamos al hospital.

La noche anterior, mi pitbull, que ya tenia12 años, se había despertado en medio de la noche y había empezado a correr por la casa sin parar.

Al principio, mi esposa la sacó a orinar, pero eso no calmó a nuestra perra. Mi esposa me despertó y encontré a nuestro perro echando espuma por la boca, corriendo en círculos y jadeando excesivamente.

"Tenemos que llevarla al veterinario de emergencia", dijo mi esposa.

"Déjame enviar un correo electrónico a mi trabajo para hacerles saber que no voy a ir a trabajar", respondí.

"Está bien, la vigilaré", respondió mi esposa, y para evitar que corriera por la casa, se encerró con mi perra en el baño. Unos minutos más tarde abrí la puerta justo cuando mi perra hacía caca y caminaba en círculos por toda la caca.

Mi esposa me miró. "La limpiaré; prepara el coche".

Al poco rato, estábamos en camino, pude ver a nuestro perro joven mirando por la ventana, preguntándose a dónde llevaríamos a su amiga.

Comencé a conducir mientras mi esposa se sentaba en la parte de atrás con mi perra. Se retorcía, echaba espuma por la boca, y meaba y defecaba sobre mi esposa. Con cada minuto que pasaba, temíamos que esta fuera la última noche de mi perra con nosotros. Cuando llegamos al veterinario, mi perra ya no podía caminar. La cargué hacia la sala de espera del hospital y me quedé de pie junto al escritorio mientras mi esposa le daba la información a una de las enfermeras.

"Dámela", dijo un médico que salió corriendo del interior del hospital. El médico comenzó a correr de regreso al interior del hospital. Hizo una pausa para preguntar si dábamos nuestro consentimiento para que trataran a nuestro perro.

"Haz lo que tengas que hacer", respondimos mi esposa y yo. El médico se dio la vuelta y llevó a mi perra adentro.

Una enfermera vino corriendo unos minutos después y nos llevó a un cuarto de espera, mientras cuidaban a mi perra.

Un par de minutos después, el médico entró en la habitación.

"Tu perra tenía fiebre muy alta. Tuvimos que dormirla para bajar la fiebre. La pusimos en un baño de hielo. Si la fiebre baja, podemos empezar a tratarla".

Eso no sonaba nada bien. Lo único que podíamos hacer era esperar a que el médico nos trajera noticias.

Recordé la primera noche que mi perra llego a nuestra casa. No se dormía y lloraba sin parar. Yo estaba molesto y me levanté con la intención de callarla. Pero una vez que vi su carita triste, no pude enojarme con ella. En cambio, terminé cantándole una canción de cuna para que se durmiera.

"Duérmete perrita, duérmeteme ya".

Ahora, temíamos lo peor. ¿Tendría que cantarle mientras se iba a dormir por última vez?

Un par de horas más tarde, el médico volvió a entrar en la habitación.

"Su perra tuvo una convulsión y parece haber perdido la vista en un ojo, pero está respondiendo a la medicación. Podemos llevarlos adentro si quieren verla".

Mi perra estaba somnolienta por el medicamento y apenas podía moverse, pero fue genial ver que ya no estaba tan frenética como al comienzo de la noche, ni tan al borde de la muerte como cuando llegamos.

Nos preguntaron si queríamos volver al día siguiente o esperar un par de horas para ver si mejoraba y podíamos llevarla a casa.

Decidimos esperar.

Alrededor de las 7 de la mañana, el médico volvió a entrar en la habitación. Nos dio algunos medicamentos (esteroides y pastillas anticonvulsivas) y nos permitieron llevar a mi perra de vuelta a casa.

Fue una noche larga que solo se hizo más larga cuando llegamos a casa y mi perra se negó a dormir.

Intenté cantarle "Duérmete perrita, duérmeteme ya", pero fue inútil.

Unas horas antes teníamos miedo de que cerrara los ojos para siempre; ahora deseabamos que los cerrara al menos un par de horas, para que pudiéramos dormir un poco.

"Por favor, duérmete", le decía a mi perra mientras ella caminaba de un lado a otro de la casa.

Mi esposa y yo nos quedamos dormidos en la sala mientras mi perra seguía caminando sin parar.

Cuando me desperté, un par de horas después. Mi perra seguía caminando por la casa, gimiendo un poco cada dos minutos. Seguía chocando contra las paredes mientras caminaba, probablemente por no poder ver tan bien como antes. Me dolía verla así.

Seguía teniendo pequeñas convulsiones, lo que la hacía temblar, echar espuma por la boca y gruñir un poco. Amo a mi perra, pero parecía una perra zombi, me hizo recordar una película en la cual un perro es mordido por perros zombis y luego su amo tiene que matar a su perro ya que se está convirtiendo en un perro zombi.

Miré a mi perro y finalmente entendí por qué en esas películas tanta gente se niega a matar a sus seres queridos infectados y terminaban convirtiéndose en zombis.

"¿Estamos siendo egoístas al obligarla a quedarse?" Le pregunté a mi esposa conteniendo las lágrimas.

Temiendo que mi perra fuera a tener una gran convulsión, decidimos llevarla de vuelta al veterinario.

Pero cuando la doctora vio a mi perra, inmediatamente nos dijo que estaba mucho mejor y nos aseguró que su estado frenético, como un zombi, se debía a la medicina y no a una convulsión inminente como habíamos temido. Nos dieron otro medicamento para calmarla y una vez más tuvimos la bendición de llevar a mi perra de regreso a casa.

Esa noche me alegré de ver que mi perra estaba mucho mejor. Me sentí aliviado de irme a dormir a una hora normal después de haberle cantado: "duérmete perrita, duérmeteme ya".

ATASCADO

Mientras las dos señoras de la casa, mi esposa y mi perra, descansaban un poco, llevé al perro joven a dar un paseo por el lago.

A estas alturas, él ya había adoptado un par de nuevos pasatiempos. Cada vez que encontraba una pelota en la playa, y siempre parecía haber algún tipo de pelota de tenis, pelota de plástico o incluso un juguete de plástico chirriante dejado en la playa, nuestro perro lo agarraba en su boca, lo ponía en la arena y comenzaba a cavar un hoyo en el que enterrar su tesoro. La mayoría de las veces colocaba el tesoro que estaba tratando de enterrar en el agujero, solo para que sus propias patas lo sacaran del agujero mientras intentaba enterrarlo.

Amo a nuestro perro, pero en esos momentos, a menudo me preguntaba si había un animal tan tonto como él. Su otro pasatiempo consistía en encontrar palos en la arena y masticarlos hasta hacerlos pedazos. A veces se concentraba tanto en destruir un palo que se olvidaba por completo de la pelota con la que había estado jugando y terminaba perdiéndola en la arena.

Es maravilloso vivir tan cerca del lago porque me encanta caminar por el lago cada vez que paseo a mis perros.

Lo malo es que no importa el frío o el calor que este haciendo, siempre hay al menos una pareja en su coche, estacionados al final de nuestra calle sin salida con vista al lago.

A menudo veo los autos estacionados balanceándose hacia adelante y hacia atrás y sé que el automóvil no se balancea debido al viento. Parece un motel en ruedas.

Pero esa mañana, no había un coche estacionado al final de la calle. Sin embargo, nuestro perro comenzó a gruñir cuando entramos en el camino de la calle a la playa.

Rara vez gruñe, así que le pregunté: "¿Qué es?" Traté de ver a qué le estaba gruñendo.

Me tomó un tiempo creer que lo que estaba viendo era cierto. ¡Había un coche atascado en la playa!

Resulta que un chico había querido acercarse con su novia al agua y se las arregló para quedarse atascado en la arena. Un tipo se había detenido y estaba tratando de ayudar al chico a sacar su auto. Me ofrecí a ayudar. Solté la correa y le dije a mi perro que esperara y me uní al esfuerzo para desatascar el auto. Empujamos el coche, mientras la novia lo ponía en reversa y pisaba el acelerador, pero no sirvió de nada. Las dos ruedas delanteras estaban enterradas en la arena.

"Tenemos que poner algo debajo de los neumáticos para conseguir algo de tracción", le dijo el tipo al chico.

Agarré la correa y caminé unos metros hasta donde recordaba haber visto un trozo de madera el día anterior. Al principio, mi perro se emocionó, pensando que había encontrado el trozo de madera para que pudiera masticarlo en pedazos. Se puso un poco triste cuando le quité la madera y empezamos a usar las manos para cavar en la arena para tratar de poner la madera debajo de los neumáticos, para crear un poco de tracción y sacar el coche. Pero después de un tiempo, incluso mi perro quería ayudar, comenzó a cavar en la arena con sus patas.

Pero incluso con el trozo de madera, el coche no se movió para ninguna parte.

Me disculpe para seguir paseando a nuestro perro. Lo llevé a dar un pequeño paseo y luego lo llevé de vuelta a casa. Fui al sótano en busca de una pala.

"Regresé a seguir ayudando", le dije al chico. "No me gustaría que llegue la policía antes de que puedas sacar el coche".

"¿Me pondrán una infracción?", preguntó el chico, preocupado.

"Llamaban a una grúa, te confiscarán el coche y te pondrán un par de multas", explicó el tipo.

"Y tendrías que tomar un Uber a casa y luego ir a buscar tu auto de regreso", agregué.

"Pero honestamente", continuó el tipo, "estoy más preocupado por lo que tu novia te va a decir cuando llegues a casa".

"Al menos esta será una noche que no olvidará", dije, y todos nos echamos a reír.

Unos minutos más tarde intentamos de nuevo empujar el coche. Pero fue en vano.

Por un momento contemplé la idea de ir por mi coche, atar una cuerda de mi coche al suyo y sacarlo. Pero mi coche es la mitad del tamaño del coche que estaba atascado en la arena.

"Entonces serían dos coches atascados", pensé.

"Vas a tener que llamar a una grúa", le dijimos finalmente al chico.

"¿Cuánto costara eso?", preguntó el chico.

"Sea lo que sea, va a ser mucho menos de lo que te costarán las multas de la ciudad y de la policía".

Estuvo de acuerdo y esperamos a que llegara la grúa. El por qué necesitaba sacar su coche, y yo por la curiosidad por ver cómo lo iban a hacer.

Diez minutos después llegó la grúa y su conductor retrocedió hacia la playa, comenzó a levantar el automóvil atascado en la arena y luego trató de avanzar, pero se quedó atascado en la arena.

El conductor de la grúa se bajó, desenganchó el auto de la grúa y procedió a mover la grúa hacia adelante y hacia atrás, para adelante y para atrás durante unos diez minutos hasta que finalmente se liberó.

"Voy a tener que ir a buscar ayuda", le dijo el conductor al chico. – ¿Tienes dinero para pagar?

El chico parecía derrotado. —Bien —dijo—. "Solo necesito salir".

El conductor se fue y regresó 10 minutos más tarde, seguido por una segunda grúa mucho más grande. A estas alturas, la policía también había llegado.

El conductor de la grúa comenzó a explicar la situación al otro conductor.

"Sí, saqué autos de allí antes", interrumpió. "Esto es lo que tenemos que hacer".

Ató un extremo de una larga cadena a su grúa y el otro extremo al coche atascado en la arena. Fueron casi 20 minutos de tirones, pero el coche finalmente salió.

El chico se fue a la carrera de allí; con suerte, había aprendido la lección.

Regresé a casa por nuestro perro y continuar nuestro paseo.

En las semanas que siguieron, vi muchos otros autos atascados en la arena, pero ya no traté de ayudar a empujarlos, ahora sé que solo una grúa puede sacarlos. Y ahora, cuando veo a mi perro joven enterrando su tesoro en la arena, puede que se vea un poco tonto, pero no es ni de lejos tan tonto como la gente que conduce su coche por la arena.

"Sabes, nuestro perro también casi se queda atascado en el lago", dijo mi esposa mientras caminábamos alrededor de las marcas dejadas por otro automóvil que había sido remolcado el día anterior.

"¿Trató de enterrar un juguete en la arena solo para encontrarse en un agujero demasiado profundo del que no podía salir? Le pregunté a mi esposa, ya que había visto enormes agujeros que él había cavado fácilmente antes.

"En realidad", dijo mi esposa, "el otro día vio un pato en el agua, y antes de que pudiera detenerlo, corrió hacia el muelle y luego saltó al lago y nadó detrás del pato".

Y, por supuesto, el pato se había alejado volando tan pronto como nuestro perro había nadado demasiado cerca, y luego nuestro perro había nadado un poco más; solo para que el pato se alejara volando una y otra vez.

"Nadó tan lejos que pensé que no iba a poder nadar de regreso", dijo mi esposa señalando el lago, "y el agua está tan fría que pensé que se iba a congelar, pero finalmente se dio por vencido y regresó".

Me quede pensando: "Qué perro tan loco", y luego, mirando dónde estaba sentado el arena nuestro perro a unos metros de nosotros, pregunté: "¿Qué está haciendo ahora?"

"Masticando un palo", respondió mi esposa. Pero luego lo miró un poco más.

Nuestro movía la cabeza, haciendo ruidos como si intentara vomitar. Intentaba rascarse la boca con las patas. Parecía que se estaba ahogando. A medida que nos acercábamos, pudimos ver que un trozo del palo se había alojado en su boca. Traté de meter la mano en su boca y despegar el palo, pero temía que me mordiera la mano accidentalmente. También temía que el palo le cortara la boca si intentaba sacarlo.

Mi esposa comenzó a hablar con él, tratando de calmarlo.

"Necesito unas tijeras", le dije a mi esposa, pensando que podría intentar ponérselas en la boca y cortar por la mitad el trozo de palo que estaba clavado en su boca.

Llegué a casa tan pronto como pude y, sacando un par de alicates de mi caja de herramientas, me dirigí de nuevo a la playa. A estas alturas, mi esposa había calmado a nuestro perro lo suficiente como para que pudiera meterle los alicates en la boca y romper el trozo de madera en dos para sacarlo de su boca.

Nuestro perro se levantó de un salto, bebió un poco de agua del lago y luego trató de volver a masticar el palo.

Nosotros decidimos comenzar a caminar de regreso a casa.

LECCION

Son las cinco de la mañana y no hay nadie en el lago.

Estoy paseando a mi perra. Ya esta vieja, tan vieja que a veces tengo que subirla y bajarla por las escaleras hasta nuestra casa. Incluso le compré una pequeña escalera de juguete para que pueda subirse al sofá, ya que ya no puede saltar tan alto.

Es tan vieja que no estoy paseándola. Es más como caminar en cámara lenta mientras da un paso lento tras otro.

Mi esposa está paseando a su perro. Su perro ya no es un cachorro, pero todavía es joven, por lo que en realidad no lo está paseando. Es más como si ella estuviera tratando de no ser arrastrada por él mientras tira y salta, tratando de liberarse de la correa.

"¿Quieres ayuda?" Le pregunto a mi esposa mientras casi pierde el control de su perro.

Ella responde: "Por favor".

Agarro la correa e inmediatamente deja de tirar y saltar.

"¿Cómo lo hiciste?", pregunta mi esposa, sorprendida.

"Lo he estado entrenando", respondo. "Mira esto".

"Siéntate", le digo a su perro joven, y él se sienta en la arena.

Mi perra vieja también se sienta cerca del agua y comienza a lamer la arena, tratando de encontrar algunos peces pequeños para comer.

Doy unos pasos. "Ven", le digo a su perro y él comienza a seguirme. Mi perra se acerca caminando lentamente.

"Siéntate", le digo de nuevo a su perro y mientras se sienta, le suelto la correa.

Mi esposa está un poco nerviosa, pero le aseguro que todo está bien.

"Espera", le digo a su perro, y él no se mueve mientras suelto la correa de mi perra anciana. Se sienta y comienza a lamer la arena de nuevo.

Agarro un palo y las orejas de su perro se levantan con anticipación.

"Espera", le digo mientras tiro el palo al agua. Su perro me mira.

"Está bien, ve a buscarlo", le digo, su perro corre al agua detrás del palo.

"Vaya, realmente los tienes entrenados", dice mi esposa mientras se acerca a mí. Su perro me devuelve el palo y lo vuelvo a tirar al agua.

"Ve a buscarlo, ve a buscarlo".

Corre hacia el agua, mientras nuestra perra, mucho mayor, olfatea la arena a mi lado.

Mi esposa está mirando su teléfono; tiene que regresar a casa para una reunión de trabajo por Zoom.

"Tengo que irme", dice mi esposa unos minutos después. Se despide de mí y de los perros.

Mi esposa comienza a alejarse. Cuando el perro ve que ella se va, comienza a correr detrás de ella.

Silbo y él regresa a mí.

"Espera a que tire el palo", le grito a mi esposa. "Él se distraerá y luego podrás irte".

Tiro el palo y nuestro perro corre de vuelta al agua; Mi esposa corre a casa.

Después de un par de veces recuperando el palo del lago, nuestro perro de repente se da cuenta de que mi esposa se ha ido y sale corriendo detrás de ella. Silbo y grito órdenes: "¡Espera! ¡Para! ¡Ven! ¡Siéntate!", pero él no está escuchando. Sigue corriendo. Yo también empiezo a correr.

(No sé si alguna vez has intentado correr en la playa; es muy difícil).

Nuestro perro joven es muy rápido; en unos segundos está fuera de la playa y corriendo hacia el pequeño trozo de hierba que hay más allá de la playa. Tengo miedo de que corra hacia la carretera y sea atropellado por un automóvil. De repente se detiene. Está mirando a una dama a la que ha confundido con mi esposa.

Yo trato de correr más rápido, tratando de alcanzarlo.

Pero ha empezado a correr de nuevo. Gira a la izquierda en el parque, alejándose de la carretera. Cuando llego al borde del parque, lo veo a lo lejos, persiguiendo a una ardilla. Después de que una se escapa, corre detrás de otra ardilla, y luego una más.

Silbo y grito órdenes: "¡Espera! ¡Para! ¡Ven! ¡Siéntate!", pero ahora tiene hambre por ardilla.

Una ardilla corre hacía unos arbustos altos, seguida de cerca por nuestro joven perro. Ahí es donde lo pierdo de vista.

"Tal vez debería correr a casa y buscar mi bicicleta, para poder cubrir más terreno", me escucho pensar.

"Pero perderé demasiado tiempo", me discuto a mí mismo en mi cabeza.

"¿Y qué le digo a mi esposa cuando llego a casa?" Pienso para mis adentros. "Me va a matar cuando vea que perdí a los dos perros".

Y ahí es cuando me doy cuenta.

En mi prisa por atrapar a nuestro perro joven, dejé sola a nuestra perra anciana junto al lago. Tengo que tomar una decisión, o sigo tratando de atrapar a nuestro perro joven o vuelvo por nuestra perra anciana. No puedo perderlos a los dos.

No sé dónde está nuestro perro joven, pero tengo una idea de dónde puedo encontrar a nuestra perra anciana.

Decido volver a la playa; al fin y al cabo, siempre podemos conseguir otro cachorro.

"Eso no está bien", me escucho a mí mismo reganarme.

"Estoy bromeando", me digo a mí mismo.

Corro a la playa lo más rápido que puedo, gritando el nombre de nuestra perra. Rezo que ella no me allá seguido y que no se allá perdido también.

(No sé si alguna vez has intentado correr en la playa, después de correr unos minutos; es muy difícil).

Veo a mi perra a lo lejos, todavía está sentada junto al lago, olfateando la arena. Corro hacia ella y le pongo la correa. Trato de correr de regreso al parque para seguir buscando a nuestra perro, pero ella no quiere irse, así que básicamente la estoy arrastrando.

(No sé si alguna vez has intentado correr por la playa arrastrando una perra anciana; es casi imposible).

Nos estamos moviendo tan despacio que nunca vamos a encontrar a nuestro perro joven.

"¿Es tu perro el corre por alla?", me pregunta una señora cuando finalmente vuelvo al borde del parque.

Ella sabe que perdí un perro porque he estado gritando su nombre.

—¿Dónde está? Le pregunto, y ella señala un lugar a la distancia.

"¿Por qué lo dejaste sin correa?", pregunta la señora, enojada conmigo.

"Ahora no, señora", le respondo. No estoy enojado con ella, estoy enojado conmigo mismo.

"Necesito un palo", me digo a mí mismo en voz alta mientras llego a un árbol y rompo una pequeña rama.

Empiezo a agitar el palo en el aire mientras trato de acercarme a mi perro fugitivo.

Trato de silbar, pero tengo la boca seca de tanto correr. En lugar de silbar, grito o más bien susurro órdenes por falta de vos: "¡Espera! ¡Para! ¡Ven! Siéntate" dándose cuenta por primera vez de lo contradictorios y confusos que son esos comandos todos juntos.

Después de unos segundos, nuestro perro joven desiste de intentar atrapar a las ardillas. Me ve sacudiendo el palo y corre hacia mí. Está cansado y puedo agarrarlo y volver a ponerle la correa.

"Has vuelto", dice mi esposa cuando llegamos a casa.

"Casi no regresamos", le respondo, y le cuento que casi pierdo a nuestros perros.

"De ahora en adelante", le dijo, "si salimos juntos, volvemos juntos".

Mi esposa asiente con la cabeza.

Ese día intenté presumir de cómo había estado entrenando y enseñando cosas a nuestros perros, pero la verdad es que son ellos los que me han estado enseñando a mí.

Aprendí que, efectivamente, se pueden enseñar nuevos trucos a un perro viejo.

Me enseñaron a ser paciente, es decir, se necesita tiempo para aprender cosas nuevas.

Me enseñaron que la familia no es solo aquellos donde naces, sino también aquellos que conoces en el camino.

Me enseñaron que nunca se es demasiado viejo para que te canten una canción de cuna.

Me enseñaron que los humanos son los más tontos de los animales, y que los perros pueden ser los más sabios.

Me enseñaron que se puede aprender a llevarse bien con los demás e incluso a amarlos, a pesar de sus diferencias.

Me enseñaron a enfrentar mis miedos y superarlos.

Me enseñaron a darle una oportunidad al amor.

¿COINCIDENCIA?

Aunque amo a nuestros perros, todavía no tengo ganas de pasearlos y tener que recoger su caca. Especialmente si acababa de llegar a casa del trabajo y en lugar de relajarme y ver la tele durante un par de minutos, tengo que caminar por el vecindario congelándome.

Un día estaba paseando a nuestros perros cuando vi a una amiga mía a la que no había visto en mucho tiempo.

"Dios mío, pareces tan joven como siempre", me dijo cuando nos encontramos en la calle.

Antes de que pudiera responderle, uno de nuestros perros empezó a cagar.

"Lo siento, tengo que conseguir esto", dije y comencé a recoger la mierda.

Traté de continuar la conversación con mi amiga, pero fue incómodo tratar de hablar mientras sostenía una bolsa llena de caca.

Pronto, ambos estábamos inventando excusas para terminar la conversación y seguir nuestros caminos separados.

Unos días más tarde estaba de nuevo paseando a los perros y me encontré con un par de señoritas que nos sonrieron a mí y a los perros mientras caminábamos por la calle. En ese mismo momento, uno de mis perros hizo una gran cagada. Era un mal espectáculo y el olor era aún peor. Las muchachas cruzaron la calle sin mirarme a mí ni a los perros.

Me di cuenta de que mis perros tenían una capacidad sorprendente para cagar cada vez que yo me encontraba con alguien en la calle.

Poco después de eso, estaba de nuevo paseando a los perros, cuando de repente me encontré con una ex novia.

Fue un encuentro incómodo, las cosas no han terminado bien entre nosotros.

Pero antes de que pudiera saludar a la ex novia, los perros tiraron de las correas y ambos comenzaron a cagar. Sin embargo, esta vez era obvio que los perros habían comido algo que les había revuelto el estómago.

Un líquido de aspecto y olor horrible salía de su trasero.

Ni siquiera parecía que estuvieran cagando, de hecho, parecía que estaban tratando de escribir un mensaje en la nieve.

"Adiós", o tal vez era: "vete" realmente no podía decirlo, su escritura de culo era difícil de leer y no era algo a lo que quisieras acercarte lo suficiente como para inspeccionar.

Ni siquiera me molesté en ver si la ex novia se había quedado a hablar conmigo. Me tomé mi tiempo para limpiar el desorden que habían hecho los perros y luego tuve que encontrar un bote de basura para deshacerme de él.

Cuando regresé a casa, mi esposa ya estaba en casa y los perros saltaron sobre ella.

"Ten cuidado", le dije, "están enfermos".

"Oh, no, han sido tan buenos", dijo, "yo también los he estado entrenando"

"¿Quieres ver?", preguntó.

Tomó un par de golosinas para perro en su mano.

"Dame una pata", dijo ella, y cada uno de los perros puso su pata en su mano.

"¿Viste? Yo los entrené", dijo sonriendo.

Le devolví la sonrisa preguntándome en silencio si tambien los había estado entrenando para cagar tan pronto como me encontraría con alguien en la calle o si eso era solo una coincidencia perfectamente sincronizada.

TACOS

Un día sonó el timbre de nuestro apartamento. Los perros comenzaron a ladrar fuertemente.

Era una fría tarde de viernes. Corrí al armario para ponerme un suéter. Luego, salí a la puerta para pagarle al repartidor.

Abrí la puerta del edificio y el repartidor comenzó a recitar mi nombre y dirección para asegurarse de que yo era el destinatario correcto.

De repente, dejó de hablar y moverse; Sus ojos se agrandaron como platos.

Miré a mi alrededor y me di cuenta de que, en mi prisa, dejé la puerta de mi apartamento abierta, y mis dos perros me habían seguido hasta el pasillo y ahora estaban a mi lado.

"¿Me van a morder?", preguntó, todavía sin poder moverse.

Miré a mis perros. "No, ni siquiera te han ladrado. Están aquí por los tacos".

El tipo me miró; Estaba un poco confundido.

Todos los viernes, mi esposa o yo pasamos por un restaurante mexicano del vecindario y compramos unos tacos.

Sin embargo, de vez en cuando la vida se vuelve demasiado ocupada y terminamos recibiendo los tacos a domicilio. Pero ya sea que los recojamos o que nos los entreguen; con cada comida compramos tacos para nuestros perros. Últimamente, hemos estado tan ocupados que casi todos los viernes nos entregaban tacos en nuestra casa, tan a menudo que cuando alguien toca el timbre nuestros perros se enojan cuando vuelvo a entrar y tengo la audacia de no llevarles tacos. Comienzan a ladrar y aullar como si exigieran saber: "¿Dónde están mis tacos?"

Ese viernes, deben haber olido los tacos y los siguieron hasta la puerta para recogerlos. Sé que mis perros no iban a lastimar al repartidor, pero también conozco el miedo de tener de repente uno o dos perros frente a ti.

Le pedí disculpas por haber sido descuidado. Le di una generosa propina y siguió su camino.

DUERMETE PERRITA

Habíamos pasado una tarde maravillosa juntos como familia, comiendo tacos y viendo la televisión, pero más tarde mi perro nos despertó en medio de la madrugada.

Durante meses, después de enfermarse, mi perra tuvo pequeñas convulsiones que duraron un par de minutos, pero esta vez estaba teniendo una convulsión muy grave. Siguió caminando por la casa chocando contra las paredes. Su amigo, nuestro otro perro, caminaba por la casa detrás de ella, a veces tratando de sujetarla con su pata.

Fue desgarrador verlo.

"Tenemos que llevarla al hospital", le dije a mi esposa; Ella estuvo de acuerdo y minutos después estábamos en camino.

Pude ver a nuestro otro perro mirando a través de la ventana de la casa, mientras llevábamos a su amiga al hospital.

Mi esposa me decía: "Va a estar bien, le van a dar un poco más de medicina, como antes", pero podía ver la preocupación en sus ojos.

Cuando llegamos al hospital, mi perra no respondía. La llevé adentro, como la vez anterior, y al igual que antes, nos dijeron que nos quedáramos en una habitación mientras los médicos la cuidaban.

Un par de horas más tarde, el médico entró en la habitación para avisarnos

"Ahora está tranquila; Estaremos atentos a ella, pero parece estar respondiendo bien a la medicina"

"Entonces, ¿deberíamos poder llevarla de vuelta a casa hoy"? —preguntamos.

"Parece que es así", respondió el médico, "pero esperemos un par de horas antes de que podamos decirlo con certeza".

Menos de una hora después, el médico volvió a la habitación.

"Tuvo dos convulsiones más", anunció el médico, "en este momento es muy poco lo que se puede hacer".

Teníamos la opción de seguir medicándola para mantener las convulsiones bajo control durante uno o dos días, o simplemente dejar que se durmiera.

Quería cantarle por última vez.

La trajeron a la habitación, estaba durmiendo, roncando un poco como solía hacerlo.

Nos pusimos a llorar. La acaricie, me acerce a ella y le cante al oído.

"Duérmete perrita, duérmete ya"
Vi cómo el médico la inyectaba.
Seguí cantándole y haciéndole caricias
"Duérmete perrita, duérmete ya"

El médico seguía hablando, pero yo ya no escuchaba, solamente continuaba haciéndole caricias a mi perra "Duérmete perrita, duérmete ya"

Le canté, hasta que dejó de roncar. La abracé, la besé y le canté por última vez.

No recuerdo cómo ni cuándo, pero de alguna manera conduje a casa.

Estaba desconsolado, seguro de que nunca iba a encontrar otro perro como ella.

MIERDA

Un par de semanas después, mi esposa comenzó a señalar a su perro acostado en medio de la sala: "Necesita un amigo con quien jugar".

Yo también necesitaba un nuevo amigo, extrañaba que mi perra se acurrucara conmigo mientras veía la televisión o que se acostara a mis pies en la cama, roncando mientras dormíamos. Pero sentí que era demasiado pronto. Pasaron un par de meses antes de que comenzara a considerar tener otro perro. De hecho, accedí a buscar adoptar a un perro, como regalo de aniversario para mi esposa. Pero aun así, me aseguré de poner una condición: "tenía que ser otro pitbull".

Pasamos las siguientes dos semanas yendo a refugios y conociendo pitbulls. Muchos de ellos me lamían la cara o saltaban en mi regazo tan pronto como los encontrábamos.

Pero el perro de mi esposa ni siquiera miraba hacia ellos. Me estaba frustrando; Recuerdo que pensé:

"Tal vez deberíamos dejar a su perro aquí y traer dos pitbulls a casa".

Como si leyera mi mente, mi esposa sugirió: "Tal vez deberíamos conseguirte un perro de una raza diferente", yo no estuve de acuerdo, estaba decidido a conseguir otro pitbull.

Después de semanas de búsqueda, vimos algunos pitbulls en un sitio web de un refugio e hicimos una cita para conocerlos. Pero al perro de mi esposa no le gustaba ninguno de los pitbulls.

El chico del refugio trajo una perra, mezcla de pitbull. No me gustaba nada. Pensé para mis adentros: "esa perra parece que es un 1% pitbull".

Lo primero que hizo nuestro perro fue orinarse sobra perra. Me reí pensando que a nuestro perro no le gustaba la mezcla de pitbull, pero el trabajador dijo que era una buena señal. Tenía razón. Los dos comenzaron a correr y a jugar entre ellos. Me tuve que resignar a adoptar a esa perra mezcla de pitbull.

"Después de todo, siempre podemos traerla de vuelta", le dije a mi esposa, que me miró como si acabara de decirle que estaba teniendo una aventura.

Unas noches después de que el nuevo perro vino a vivir con nosotros, estaba trabajando hasta tarde y cuando llegué a la cama vi a la nueva perra durmiendo en nuestra cama. Estaba roncando como solía hacerlo mi perra vieja. Eso derritió mi corazón.

Pero ella estaba durmiendo en mi espacio, así que la rodeé con mis brazos para llevarla a los pies de la cama. Me gruñó y trató de morderme el brazo.

Salté hacia atrás asustado, pero luego me enfadé y empecé a gritarle. "Que poca ma....nera, puchica no, fuera, fuera" La perra corrió a su jaula y pasó el resto de la noche allí.

Al día siguiente, estaba sentado en el sofá viendo la televisión, me había mantenido a distancia de la nueva perra porque todavía estaba enojado con ella, pero luego saltó a mi lado y se acurrucó en mi regazo. Una vez más, mi corazón se derritió de inmediato. Especialmente después de que ella comenzó a tomar y comer pedazos de la manzana que yo estaba comiendo, tal como solía hacer mi vieja perra.

"Está bien, tal vez te asusté cuando traté de recogerte esa noche", le dije a la perra mientras le acariciaba la cabeza. La levanté del sofá un par de veces: "mira, no estaba tratando de hacerte daño, solo necesitaba un poco de espacio"

Esa noche, volví a trabajar hasta tarde y cuando me acosté, la nueva perra estaba durmiendo de nuevo en mi lado de la cama. Esta vez me acerqué a ella lentamente y le hablé: "Solo te voy a mover un poco"

Puse mis brazos debajo de ella y comencé a levantarla. Me miró y empezó a gruñar. La bajé de inmediato. Empecé a gritarle "fuera, fuera, fuera"

"¿Qué está pasando?", preguntó mi esposa al despertar.

"Intentó morderme de nuevo, y ahora no se mueve de mi lugar"

Mi esposa se levantó y la perra la siguió fuera del dormitorio. Cerramos la puerta para que no entrara. A la mañana siguiente, mientras me preparaba para ir a trabajar, sentí algo en mi pie. Miré hacia abajo para ver que acababa de pisar caca de perro.

Grité: "ahhhhh", despertó a mi esposa, "¿qué pasó?", preguntó.

Me señalé el pie. "No es para tanto, la perra tuvo un accidente", dijo mi esposa volviendo a la cama.

A mí, esto no me pareció un accidente. Cada noche que manteníamos a la nueva perra alejada de la cama, ella dejaba accidentes en el suelo para que yo los pisara. Días después, salí de la ciudad, regresé tarde en la noche. Entré en el dormitorio y vi a la perra en la cama a los pies de mi esposa.

Pensé en moverla, pero estaba demasiado agotado para comenzar el drama en medio de la noche, además de que tenía mucho espacio en mi lado de la cama.

A la mañana siguiente, cuando me desperté, la perra todavía estaba en la cama y no había accidentes en la casa. De repente me di cuenta, la perra me estaba dando mierda, porque yo le estaba dando mierda a ella.

Antes de irme a trabajar, regresé a la habitación para darle un beso de despedida a mi esposa. La perra me miró, probablemente preocupada de que la fuera a echar, pero la dejé allí. Había estado extrañando tanto a mi vieja perra que quería que este nueva perra actuara como ella. Necesitaba aceptarla por lo que es, al igual que ella me aceptó a mí por lo que soy.

EXTRAVIADO

"Que tengas un buen día", dijo mi esposa con una sonrisa mientras me dejaba en el trabajo.

La vi alejarse y me puse triste de tener que ir a trabajar mientras ella tenía el día libre. Más triste porque se dirigía al parque con nuestros dos perros. Y aún más triste porque estaba lloviendo y ella conducía mi coche nuevo con nuestros dos perros dentro.

Adiós al olor a coche nuevo, hola al olor a perro mojado.

Fui a trabajar y un par de horas después, mi teléfono comenzó a sonar.

Ignoré mi teléfono porque no puedo contestar el teléfono en el trabajo.

Unos minutos después, mi teléfono comenzó a sonar de nuevo. Miré el teléfono, era una llamada de mi esposa.

Eso me extraño porque ella sabe que no puedo contestar el teléfono en el trabajo.

A menudo me envía mensajes de texto si necesita hablar conmigo.

El teléfono volvió a sonar.

Antes de que pudiera responder, dejó de sonar, un mensaje de texto siguió de inmediato.

"Perdí a uno de nuestros perros en el parque", decía el texto.

Levanté el teléfono y llamé a mi esposa. Sé que no puedo contestar el teléfono, pero no quiero trabajar en un lugar donde perdí un perro y no creen que sea una emergencia.

Me explicó que uno de nuestros perros había visto algo que llamó la atención y tiró de la correa con tanta fuerza que no pudo sostenerla.

—Quieres que pida permiso para salir del trabajo —le pregunté. Preocúpado por nuestro perro. Con ganas de ayudar, pero también buscando una excusa para salir temprano del trabajo.

"No servirá de nada", respondió mi esposa. "A estas alturas ya podría estar en cualquier parte"

Me dijo que había estado conduciendo buscando a nuestro perro. Un trabajador del parque lo había visto:

"Su perro miro a ambos lados antes de cruzar la calle", había señalado a un callejon, y mi esposa lo había seguido, pero no pudo encontrar a nuestro perro.

"Voy a volver a casa para hacer algunos volantes", dijo mi esposa.

Colgué el teléfono y me puse a mirar por la ventana. No pude evitar pensar que nuestro perro podría caminar de regreso a donde mi esposa me había dejado ese mismo día. Durante los próximos 20 minutos, no pude hacer nada más que mirar por la ventana con la esperanza de verlo allí.

Después de unos minutos decidí hacer una publicación en Facebook sobre nuestro perro perdido.

Se supone que no debo estar en Facebook mientras estoy en el trabajo, pero tampoco se suponía que debía estar en el teléfono. Pensé que si me iba a meter en problemas por romper una regla, también podría frenar unos cuantos más.

Publiqué una foto de nuestro perro, una nota explicando que se había perdido y mi número de teléfono, en caso de que alguien lo viera.

Seguí mirando por la ventana y luego comencé a pensar que nuestro perro tiene un chip, ¿no tiene este chip una señal de GPS para rastrearlo? Como no había roto suficientes reglas, llamé a mi esposa para preguntar y me explicó que no, el chip solo tiene información de contacto en caso de que se pierda.

"Bueno, ahora mismo está perdido" Creo que el chip no nos está ayudando a encontrarlo.

Media hora después mi teléfono empezó a sonar.

Ni siquiera comprobé quién llamaba.

"¿Has perdido un perro"? —preguntó la persona que llamaba.

"Sí, sí", respondí, "mi perro se escapó de mi esposa".

El tipo del otro lado de la línea comenzó a reírse, supongo que fue gracioso imaginar a mi perro tratando de huir de mi esposa como si estuviera cansado de vivir con ella.

Le pregunté si había visto mi publicación en Facebook.

Él respondió "no".

Resulta que su esposa se dirigía al trabajo cuando vio a un perro caminando por el callejón. Pensó que estaba perdido porque tenía una correa puesta. Abrió la puerta de su auto y el perro saltó, luego lo llevó a su casa y lo dejó en el patio.

Le dijo a su esposo que vigilara al perro. Estaba a punto de ir a la comisaría a denunciar al perro perdido cuando recibió una llamada de un vecino.

"Ese perro en tu patio parece un perro perdido que vi en facebook", le dijo el vecino.

No tiene una cuenta en las redes sociales, por lo que su vecino se acercó a mostrárselo. Fue entonces cuando decidió llamarme.

Le dije "gracias" y le di la información de mi esposa, para que pueda comunicarse con mi esposa porque se supone que no debo estar en el teléfono.

Más tarde ese día, mi esposa vino a mi trabajo en mi auto nuevo para recogerme. Estaba feliz de salir del trabajo. Más feliz de ver a mi esposa y aún más feliz de ver a nuestros dos perros en el auto con ella.

Todos sonreían.

Me subí a mi auto nuevo, respiré hondo y fue entonces cuando me golpeó un olor horrible.

"¿Cuál es el olor"? Le pregunté a mi esposa.

"Perdió una pelea con un zorrillo", respondió ella.

Estaba triste de que mi coche hubiera perdido su olor a coche nuevo.

Pero estaba feliz de que mi familia estuviera completa una vez más.

DEDICACIÓN

Un agradecimiento especial a las personas encarceladas en el Centro Correccional de Stateville que formaron parte de nuestro grupo de escritores todos los sábados por la mañana. Les agradezco sus comentarios y ediciones al primer borrador de este libro.

A North Side Pets por su cuidado siempre amoroso y experto de nuestros amigos cada vez que el trabajo u otras tareas nos mantienen lejos de casa.

A Michael John Ferry por su experiencia y paciencia (dos veces) para ayudarnos a encontrar nuestro hogar para siempre.

Y finalmente gracias a toda mi familia y amigos por su amor y apoyo.

ACERCA DE TORTOISE BOOKS

Victorias lentas y constantes al final, incluso en la publicación. Tortoise Books se dedica a encontrar y promover autores de calidad que aún no han encontrado un nicho en el mercado: escritores que producen obras memorables y atractivas que resistirán la prueba del tiempo.

Obtenga más información en www.tortoisebooks.com o síguenos en BlueSky @tortoisebooks.bsky.social.

SOBRE EL AUTOR

Nestor "The Boss" Gomez nació en Guatemala y viajó a Chicago a mediados de los años 80. Era indocumentado, tartamudeaba y no sabía inglés. No tenía voz. Hoy Néstor es ciudadano estadounidense, habla inglés con un acento latino sexy y se ha convertido en un narrador de historias, ganando casi cien Moth Slams. Ha encontrado su voz.

Es el creador, productor, curador y presentador de *80 Minutos alrededor del Mundo*, un programa de narración de historias que presenta las historias de inmigrantes, sus descendientes y aliados. También es autor de *Tu Conductor Ha Llegado* y *Me Rescato*. Para obtener más información sobre Nestor, visite su sitio web: nestorgomezstoryteller.com

SOBRE EL ARTISTA DE LA PORTADA

Andrés J. Colmenares es un dibujante e ilustrador colombiano, creador de Wawawiwa comics, un webcomic seguido por millones de fanáticos en todo el mundo. Vive en Colombia.